Wanderführer
Schwarzwald · Nord
zwischen Pforzheim und Freudenstadt

Die schönsten Wanderungen

- Rundwanderungen
- Streckenwanderungen
- Lehrpfade

Kompass Wanderführer

Wanderführer Schwarzwald · Nord

zwischen Pforzheim und Freudenstadt

Ausgewählt, begangen
und beschrieben
von Wolfgang Benz

Deutscher Wanderverlag
Dr. Mair & Schnabel & Co. · Stuttgart

(© Ulrich Schnabel)

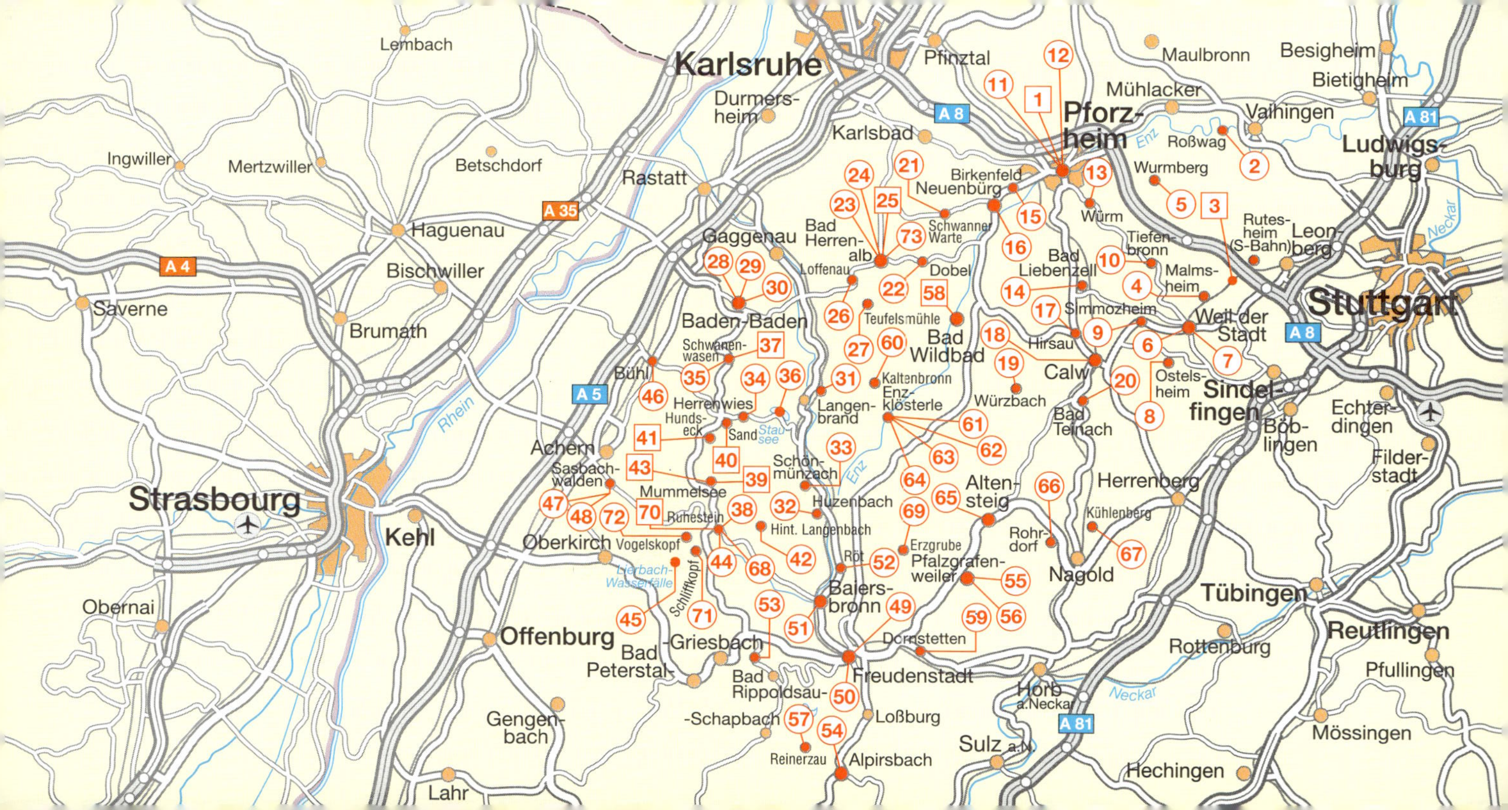
Karlsruhe
Pforzheim
Stuttgart
Strasbourg
Offenburg
Kehl
Lembach
Ingwiller
Mertzwiller
Betschdorf
Haguenau
Bischwiller
Saverne
Brumath
Obernai
Rastatt
Durmersheim
Karlsbad
Pfinztal
Gaggenau
Baden-Baden
Bühl
Achern
Sasbachwalden
Oberkirch
Gengenbach
Lahr
Bad Peterstal-Griesbach
Bad Rippoldsau-Schapbach
Reinerzau
Alpirsbach
Loßburg
Freudenstadt
Baiersbronn
Dornstetten
Pfalzgrafenweiler
Erzgrube
Röt
Hint. Langenbach
Huzenbach
Schönmünzach
Langenbrand
Enzklösterle
Kaltenbronn
Teufelsmühle
Loffenau
Bad Herrenalb
Dobel
Schwanner Warte
Neuenbürg
Birkenfeld
Bad Wildbad
Würzbach
Calw
Hirsau
Bad Liebenzell
Simmozheim
Bad Teinach
Altensteig
Rohrdorf
Nagold
Kühlenberg
Herrenberg
Horb a.Neckar
Sulz a.N.
Hechingen
Tübingen
Rottenburg
Reutlingen
Pfullingen
Mössingen
Sindelfingen
Böblingen
Echterdingen
Filderstadt
Ostelsheim
Weil der Stadt
Malmsheim
Tiefenbronn
Würm
Wurmberg
Roßwag
Rutesheim (S-Bahn)
Leonberg
Ludwigsburg
Besigheim
Bietigheim
Vaihingen
Maulbronn
Mühlacker
Schwanenwasen
Herrenwies
Hundseck
Sand
Stausee
Mummelsee
Ruhestein
Vogelskopf
Schliffkopf
Lierbach-Wasserfälle
Rhein
Enz
Neckar
A 4
A 35
A 5
A 8
A 81
1 2 3 4 5 6 7 8 9 10 11 12 13 14 15 16 17 18 19 20 21 22 23 24 25 26 27 28 29 30 31 32 33 34 35 36 37 38 39 40 41 42 43 44 45 46 47 48 49 50 51 52 53 54 55 56 57 58 59 60 61 62 63 64 65 66 67 68 69 70 71 72 73

Vorbemerkungen

Im Wanderführer »Schwarzwald Nord« neben »Schwarzwald Mitte« und »Schwarzwald Süd« der dritte Band, wird das herrliche Wandergebiet zwischen dem Nordrand des Schwarzwaldes und der weiteren Umgebung von Freudenstadt beschrieben. Die Vorschläge greifen aber auch weit hinaus in die freien Gäuflächen am Ostrand und in die Garten- und Rebenlandschaft der Ortenau am Westrand des Schwarzwaldes zur Rheinebene.

Alle Wegstrecken wurden vor Ort erkundet, aber durch Baumaßnahmen, Sturmschäden und leider auch durch mutwillige Zerstörungen können Lücken in der Markierung entstehen. So hat der Orkan »Lothar« an Weihnachten 1999 unermesslichen Schaden angerichtet, aber auch neue Aussichtspunkte geschaffen. Verlag und Autor bedanken sich für jeden Hinweis auf eine Veränderung. Die angegebenen Wanderzeiten gehen von einem durchschnittlichen Wandertempo aus, enthalten aber keine Rastzeiten. Die Höhenunterschiede ergeben sich aus der Addition aller im Anstieg zu bewältigenden Höhenmeter.

Der Schwarzwaldverein unterhält in mühevoller Arbeit ein weitverzweigtes Wegenetz mit Schutzhütten, Wanderheimen, Aussichtstürmen und Informationstafeln. Diese ehrenamtliche und oft kaum beachtete Tätigkeit sollte wenigstens durch »spurloses Wandern« unter Einhaltung aller Spielregeln des Naturschutzes gewürdigt werden. Ein Wanderführer will und kann keine Fachliteratur über Botanik, Geologie oder Kunst- und Heimatgeschichte ersetzen. Auf Besonderheiten wird aber in Stichworten hingewiesen. Literatur über den Schwarzwald gibt es jedoch in großer Auswahl, darunter die informativen Bücher des Schwarzwaldvereins.

Achten Sie beim Kauf von Wanderkarten darauf, daß Sie die neueste Ausgabe erhalten.

Das im Jahr 2000 im Hotzenwald (Südschwarzwald) erprobte neue System der Wegmarkierungen durch den Schwarzwaldverein hat sich bestens bewährt und wird für den gesamten Schwarzwald eingeführt werden. Die neuen Wegtafeln werden manch altes Symbol ablösen, bilden aber in jedem Falle eine weitere Verbesserung der gewohnt sorgfältigen Wegmarkierungen.

Der Wanderführer *»Schwarzwald Nord«* möchte Ihnen beim Wandern, Rasten, Entdecken und Verweilen ein zuverlässiger Begleiter sein.

Wolfgang Benz

1 Auf dem Hügellandweg von Pforzheim nach Maulbronn

Verkehrsmöglichkeiten Busverbindung zwischen Pforzheim und Maulbronn. Stadtbus Pforzheim Linie 3 zum Ausgangspunkt des Hügellandweges, Haltestelle Krebspfad.
Parkmöglichkeiten Parkhäuser in der Innenstadt. Günstiger an der Stadtausfahrt in Richtung Bretten (B 294) am Alten Göbricher Weg.
Wegmarkierungen Abtsstab mit dem »M« (Maulbronn) und dem Pforzheimer Stadtwappen.
Tourenlänge 20 Kilometer.
Wanderzeit 5 Stunden.
Höhenunterschiede Insgesamt etwa 180 Höhenmeter, keine längeren Anstiege.
Wanderkarte 1:50 000 (SWV) Blatt 1 Karlsruhe-Pforzheim.
Anmerkung Der Hügellandweg wurde im Jahre 1975 eingerichtet und durchgehend markiert. Er verbindet das Wandergebiet Nordschwarzwald mit dem Kraichgau. Der Hügellandweg führt vielfach über freies Gelände und empfiehlt sich deshalb besonders für Frühjahr und Herbst.
Wissenswertes Das *Kloster Maulbronn*, eine Zisterziensergründung aus dem Jahre 1147, ist die am besten und vollständigsten erhaltene Klosteranlage des Mittelalters nördlich der Alpen. Führungen finden regelmäßig statt. Berühmt und viel besucht sind die Klosterkonzerte während der Sommermonate. Im Jahre 1993 wurde das Kloster Maulbronn zum UNESCO-Kulturerbe erklärt.

Tourenbeschreibung Über den Alten Göbricher Weg kommen wir zur Autobahn und zu den Hohberghöfen. Durch ein kleines Waldstück wird der *Katharinentaler Hof* erreicht. Der Hügellandweg zieht am Eisinger Loch vorbei (Muschelkalkdoline, Landschaftsschutzgebiet) nach *Göbrichen* (schöner Dorfanger). Wir durchwandern das Dorf, wenden uns vor den Sportanlagen am Waldrand nach rechts und kommen nach *Bauschlott* (Straßendorf mit vielen schönen Fachwerkhäusern, ständige Ausstellung der Künstlergilde »Buslat« im Schloß).

Über den Brettener Weg und die *Lerchenmühle* wird der *Aalkistensee* erreicht. Der See diente einst der Fischzucht für das Kloster Maulbronn und ist heute ein wichtiges Rückzugsgebiet für viele Vogelarten. Entlang des Nordufers geht es zur Bundesstraße 35, die wir vor dem *Elfinger Hof* unterqueren. Vor uns liegt der Elfinger Berg, der den berühmten Klosterwein hervorbringt.

Bretten
Knittlingen
Hohenklingen
N
DJH
Ruit
Großer
Wald
Schillings-
wald
Buchwald
Kleinvillars
B 35
Elfinger Hof
(Domäne)
ehem. Kloster
Lerchen-
mühle
Maulbronn
Rotenbergerhof
Aalkistensee
Hp. Ölbronn
Nußbaum
Erlen
Bf. Maulbronn-
West
P
Ölbronn
Bauschlott
Eichelberg
Ötisheim
Neulingen
Ölbronn-Dürrn
Corres
P
Karls-
häuserhof
Dürrn
Göbrichen
Sengach
Neulinger
Berg
Kieselbronn
Enzberg
Enz
Katharinen-
talerhof
B 10
Hohberghöfe
Hoh-
berg
Eutingen
Niefern-Öschelbronn
Niefern
A 8
Öschelbronn
B 10
Enz
Hbf.
Pforzheim
0
1
2 km
Buckenberg
Neubärental

Unsere zuverlässige Wegmarkierung führt schließlich aus dem Salzachtal heraus zum Stadtrand von *Maulbronn*. Über die Keplerstraße, Hilsenbeurerstraße und Gartenstraße erreichen wir das Ziel des Hügellandweges, den Klosterhof in Maulbronn.

2 Von Roßwag durch die Weinberge und zur Enztalschlinge

Verkehrsmöglichkeiten Busverbindungen in Richtung Mühlacker und Vaihingen/ Enz.
Parkmöglichkeiten Großer Parkplatz bei der Enzbrücke in Roßwag.
Wegmarkierungen Rote Weintraube bis Seemühle, rotes Kreuz bis Höhe über Mühlhausen, nach Beschreibung bis Roßwag.
Tourenlänge 13 Kilometer.
Wanderzeit 3 Stunden.
Höhenunterschiede Insgesamt etwa 150 Höhenmeter.
Wanderkarte 1:50 000 Blatt 14 Stuttgart und Umgebung.
Anmerkung Die reizvolle Wanderung liegt zwar im Vorfeld des Schwarzwaldes, der Bereich zählt jedoch noch zum Betreuungsgebiet des Schwarzwaldvereins und es lohnt sich, im Kontrast zu den Schwarzwaldbergen das herrliche Naturschutzgebiet um die Enztalschlingen zu erwandern. Natürlich laden die heimeligen Weindörfer Roßwag und Mühlhausen auch zu einer gemütlichen Einkehr ein.

Tourenbeschreibung Wir folgen zunächst der Straße enzabwärts (Manfred Behr-Straße) an Sportplatz und Kelter vorbei bis zum Steinbruch. Unmittelbar danach geht es nach links leicht ansteigend durch Obstgärten und Weinberge immer der roten Weintraube nach. Vor uns zeigt sich Schloß Kaltenstein, das Wahrzeichen der Stadt Vaihingen. Der Weg senkt sich wieder ab und vor den Gebäuden um die *Seemühle* (Gartencenter) biegen wir nach links und 50 Meter weiter wieder scharf nach links (Wegweiser Orientierungsstein 1,5 km, Mühlacker 9 km). Das rote Kreuz zeigt den schmalen Schlupf, dann geht es durch einen Hohlweg auf wenig begangenem Pfad hinauf zum Orientierungsstein (310 m), der an der Ecke eines Gehölzes die herrliche Rundsicht über den Stromberg und das weite Unterland erklärt. Wir folgen weiter dem schönen Höhenweg, passieren eine auffallende Gruppe alter Eichen und erreichen gleich darauf eine Wegkreuzung, wo sich der direkte Abstieg nach Roßwag über die Weinkanzel anbietet.

Unser Weg folgt weiter dem roten Kreuz und führt über den Punkt Lug (325 m) zur Fahrstraße, die wir queren. Bald ist die ehemalige *Burg Altroßwag* erreicht. Der Weiterweg führt wieder zur Straße, der wir für fünf Minuten folgen, bis das rote Kreuz die Straße nach links verläßt. Nach 250 Metern, genau dort, wo der asphaltierte Weg endet, verlassen wir den markierten Wanderweg nach links und folgen dem Weinbergweg, der weithin sichtbar oberhalb von Mühlhausen entlangzieht (im Hintergrund die Sendertürme von Mühlacker). Dieser Weg mündet etwa 400 Meter vor Erreichen des Weindorfes *Mühlhausen* in das Fahrsträßchen ein. Beim Sportplatz wählen wir den Weg über den Hochwasserdamm. Dann folgt die reizvolle Strecke durch die Enztalschlinge. Wir bleiben auf dem Talgrund, auch wenn die Wanderzeichen nach links weisen, durchwandern das Naturschutzgebiet der *Schloßwiesen* mit ihren charakteristischen Kopfweiden und kommen direkt zum Ausgangspunkt zurück.

3 Vom S-Bahnhof Rutesheim über den Ettlensberg zum S-Bahnhof Höfingen

Verkehrsmöglichkeiten S-Bahnstation an der Strecke Stuttgart – Leonberg – Weil der Stadt.
Parkmöglichkeiten Direkt beim Bahnhof Rutesheim.
Wegmarkierungen Blauer Balken.
Tourenlänge 19 Kilometer.
Wanderzeit 5 Stunden.
Höhenunterschiede Insgesamt etwa 200 Höhenmeter.
Wanderkarte 1:50 000 Blatt 14 Stuttgart und Umgebung.
Anmerkung Die Wanderung berührt keine touristischen »Höhepunkte«, führt aber durch abwechslungsreiche Landschaften bis an den Rand des Hecken- und Schlehengäus bei Weissach. Durch die Anbindung an das S-Bahn-Netz für einen umweltfreundlichen autofreien Wandertag besonders geeignet. In älteren topographischen Karten ist im Bereich der Autobahn bei Rutesheim noch der alte Wegverlauf bezeichnet. Die lückenlose Markierung und die beigefügte Kartenzeichnung sorgen jedoch für eine problemlose Wegfindung.

Tourenbeschreibung Direkt beim Parkplatz vor dem Bahnhof Rutesheim, gegenüber der Bushaltestelle, zeigt eine Wandertafel des Albvereins die Richtung an (Ettlensberg 9, Weissach 12 km). Ein schöner Waldweg führt steigungsfrei nach Nordwesten, biegt nach 3 Kilometern rechts ab (Weil der Städter Weg) und führt an einer Saatschule vorbei. Der Weiterweg wechselt mehrmals die Richtung, dabei ist genau auf die sorgfältige Markierung zu achten. Am Waldhüttenweg ist ein schöner Rastplatz mit Grillstelle eingerichtet.

Wir queren die Fahrstraße Rutesheim – Perouse, wenden uns nach rechts und haben nun ein ganz kurzes Wegstück auf der Straße vor uns, das über die Autobahn hinwegführt. Die blaue Balkenmarkierung zeigt dann den Weiterweg nach Norden (Wasserweg), und bald wird wieder eine Fahrstraße (Flacht – Rutesheim) gequert. Es geht einige Schritte nach rechts, dann folgt ein kurzer Anstieg auf schönem Waldpfad durch alte Baumbestände zum Aussichtspunkt *Ettlensberg*. In der Mitte der fast parkartigen Hochfläche verläßt ein befestigter Feldweg den Aussichtspunkt nach rechts (Markierung blauer Balken). Wir folgen diesem Weg in Richtung Weissach bis zu einem markanten freistehenden Baum (Wegweiser Weissach 2,5 km). Auf diesem Wegstück bieten sich schöne Fernblicke vom Stromberg über den Asperg und Stuttgart bis zu den Bergen der Schwäbischen Alb. Beim erwähn-

Heimerdingen
Schöckingen
Weissach
438 m
Hoher
Acker
Geißberg
Friolzheim
Flacht
Strudelbach
Bonlanden
ND (Wellingtonien)
Hirschlanden
A8
Ettles-
berg
Dürrer
Buckel
Herdweg
Ditzingen
Höfingen
Sternwarte
Gebersheim
P
Stock-
hau
S-Bahnhof
Höfingen
Glems
nach Stuttgart
Dickenberg
Perouse
Welscher
Wald
Grand
Ordon
Rutesheim
Leonberg
Heimsheim
Tannenwald
A8
Gartenstadt
Gerlingen
Heuweg
S-Bahnhof
Rutesheim
Hausen
Eltingen
Ramtel
Bopser
Silberberg
B 295
Segelfluggelände
Längenbühl
AB-Dreieck
Stuttgart
Glems
Merklingen
Malmsheim
Renningen
Warmbronn
A8
0
1
2 km

ten Baum wenden wir uns nach rechts und folgen dem unbezeichneten Weg immer geradeaus, bis der von Weissach heraufziehende markierte Wanderweg einmündet.

Wir queren ein Tal zum Waldrand hinüber und passieren 10 Minuten nach Waldeintritt eine Gruppe von Wellingtonien (Naturdenkmal, Informationstafel). Der Weiterweg quert die Fahrstraße Rutesheim – Heimerdingen (Wegweiser Höfingen 4 km) und erreicht schließlich den Waldrand. Der Weg zieht sich nun durch Obstwiesen und an Aussiedlerhöfen vorbei noch etwas in die Länge. In Höfingen wenden wir uns nach links, wandern am alten Rathaus vorbei talabwärts und erreichen den außerhalb des Ortes im Glemstal liegenden S-Bahnhof.

4 Von Malmsheim über Perouse und Bahnhof Rutesheim

Verkehrsmöglichkeiten Malmsheim ist ein Ortsteil von Renningen, S-Bahnhof an der Strecke Stuttgart – Weil der Stadt.
Parkmöglichkeiten Beim S-Bahnhof oder nahe des Ortsausgangs in Richtung Perouse an der Zufahrtstraße zum Flugplatz (siehe Anmerkung).
Wegmarkierungen Gelb-blaue Raute.

Rutesheim-Perouse, Waldenserkirche (© Bürgermeisteramt Rutesheim)

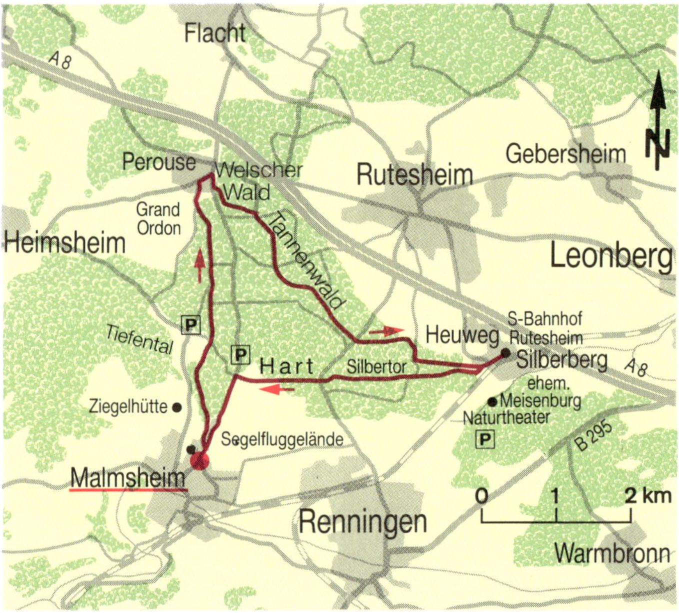

Tourenlänge 14 Kilometer. **Wanderzeit** 3½ Stunden.
Höhenunterschiede Insgesamt etwa 120 Höhenmeter, verteilt auf kurze leichte Anstiege.
Wanderkarte 1:50 000 Blatt 14 Stuttgart und Umgebung.
Wissenswertes *Perouse* ist eine alte Waldensersiedlung. Diese Glaubensflüchtlinge kamen um das Jahr 1700 als »Asylbewerber« aus dem italienisch-französischen Grenzgebiet und gründeten in Württemberg zahlreiche Siedlungen, deren Namen noch heute an die »welsche« Herkunft erinnern (Pinache, Serres, Corres u. a.). Alljährlich findet im Juli auf dem Flugplatz Malmsheim ein Flugtag mit buntem Programm statt.
Anmerkung Wenn die Rundwanderung ab Bahnhof Malmsheim angetreten wird, verlängert sich die Wegstrecke um etwa 2 Kilometer (Calwer Straße – Kirchstraße – Heimsheimer Straße – Brühlstraße). Natürlich kann auch ab Bahnhof Rutesheim mit der S-Bahn nach Malmsheim gefahren werden.

Tourenbeschreibung Der Ausgangspunkt der Rundwanderung liegt am Ortsausgang von Malmsheim in Richtung Perouse (Zufahrtstraße zum Flugplatz), wo sich auch problemlos ein Parkplatz findet. Die blau-gelbe Raute führt zu einem Kinderspiel-

Rutesheim, Zehntscheuer (© Bürgermeisteramt Rutesheim)

platz am Waldrand und über die Perouser Allee, die sich später zu einem schmalen Fußweg verengt.

In *Perouse* folgen wir der ersten Straße nach rechts (Im Hanfland/Tannenweg) bis zur Straßenkreuzung am Ortsrand. Hier folgen wir für 150 Meter der Fahrstraße in Richtung Malmsheim, bis an einer markanten, uralten Eiche wieder das vertraute Rautenzeichen erscheint. Hier wird die Fahrstraße gequert (Wilder-Busch-Weg), unser Wanderweg biegt aber gleich wieder rechts ab (Markierung beachten) und erreicht beim Waldhüttenweg einen schönen Rastplatz (Schutzhütte, Bänke, Grillstelle). Auf dem Teichweg geht es nun geradeaus und lückenlos markiert zum *Bahnhof Rutesheim*. Beim Bahnhof biegen wir scharf rechts ab, folgen etwa 300 Meter der Bahnlinie und folgen nun dem Wasserbachtal nach rechts (Wegweiser in Richtung Heimsheim in Höhe einer kleinen Brücke).

Die Markierung folgt dem rechten Rand des schmalen Talgrundes, bei feuchter Witterung kann aber auf den befestigten Weg gegenüber ausgewichen werden. Nach Queren der stark befahrenen Straße Rutesheim – Renningen beginnt ein für den Kfz-Verkehr gesperrtes Fahrsträßchen, das entlang des Fluggeländes und militärischer Anlagen verläuft. Beim Parkplatz des *Gasthauses Jägerstüble* wandern wir am Waldrand entlang und münden schließlich hinter dem Dira-Werksgelände wieder in unseren Herweg ein. Wenige Schritte später ist der Ausgangspunkt erreicht.

5 Von Wurmberg zur Eppinger Linie und über Pinache nach Wiernsheim

Verkehrsmöglichkeiten Busverbindung in Richtung Pforzheim.
Parkmöglichkeiten In der Ortsmitte von Wurmberg, an Wochenenden auch vor dem Gebäude der Sparkasse.
Wegmarkierungen Nach Beschreibung bis zur Einmündung in den Schwarzwaldvereinsweg (blau-gelbe Raute). Ab Waldrand vor Pinache parallel mit Gäurandweg Mühlacker – Schopfloch (Hagebutte), ab Tennisplatz Wiernsheim nach Beschreibung.
Tourenlänge 20 Kilometer. **Wanderzeit** 5 Stunden.
Höhenunterschiede Insgesamt etwa 200 Höhenmeter, verteilt auf mehrere kurze Anstiege.
Wanderkarte 1:50 000 (SWV) Blatt 1 Karlsruhe-Pforzheim.
Wissenswertes *Neubärental* ist eine Gründung von Glaubensflüchtlingen, die im Jahre 1721 aus Bärental in Hohenzollern

kamen. – Im Ortskern von *Öschelbronn* fallen auch heute noch die zahlreichen einheitlichen Fachwerkhäuser auf. Das Dorf war im Jahre 1933 abgebrannt. Adolf Hitler besuchte den Unglücksort und ließ es mit geschicktem Propagandarummel im Stile eines »germanischen« Dorfes wieder aufbauen. Die Eppinger Linie wurde in den Jahren 1695 bis 1697 unter der Leitung des Türkenlouis (Markgraf Ludwig von Baden) gegen die Franzoseneinfälle errichtet. Noch heute ist der tiefe Schanzgraben im Gelände deutlich erhalten. – Auch *Pinache* ist eine Gründung von Glaubensflüchtlingen. Die Waldenser kamen um das Jahr 1700 aus dem italienisch-französischen Grenzgebiet und gründeten zahlreiche Siedlungen, deren Namen bis heute an die Herkunft erinnern (Serres, Perouse, Corres u. a.).
Anmerkung Diese Rundwanderung berührt keine spektakulären Touristenziele, führt durch eine abwechslungsreiche Landschaft im Vorfeld des Schwarzwaldes und ist aus dem Ballungsraum Stuttgart auf ruhigen Nebenstraßen leicht zu erreichen.

Tourenbeschreibung Die Rundwanderung beginnt in der Ortsmitte von Wurmberg bei der Sparkasse. Der unbezeichnete Talweg führt am Feuersee vorbei talwärts und erreicht durch ein kleines Waldstück den Ortsrand von *Neubärental*. Beim Distrikt Glasbronnen geht es hinab in den Talgrund, wo uralte Grenzsteine an die ehemalige Landesgrenze zwischen Württemberg und Baden erinnern. Wir folgen dem schmalen Sträßchen (gesperrt für Kfz)

Weil der Stadt (© Bernd Kottal)

Merklingen (© Ulrich Schnabel)

nach rechts talabwärts und münden nach etwa 15 Minuten in den bezeichneten Wanderweg ein (gelb-blaue Raute). Nach rechts (Hardheimer Weg) geht es durch den Wald an einer Schutzhütte vorbei und schließlich zur Ortsmitte von *Öschelbronn* (Schwarzwaldstraße). Nach Queren der Hauptstraße folgt ein kurzer Anstieg (Karlstraße – Schützenstraße) zum Ortsrand, dann geht es geradeaus hinüber zum Waldrand über dem Enztal. Bald nach Waldeintritt biegt der Wanderweg nach rechts ab, folgt später dem Waldrand und ist fast überreichlich mit Markierungen versehen. In weitem Bogen wird *Pinache* erreicht, und der Gäurandweg (Hagebutte) verläuft nun parallel zu unserer Rautenmarkierung.

Bei den ersten Häusern von Pinache folgen wir dem Ortsrand (Blumenstraße), queren in Höhe des alten Waldenserkirchleins auf die andere Dorfseite (Lessingstraße) und wandern über freies Feld nach *Wiernsheim* weiter. Ein leichter Anstieg durch das Dorf (Lindenstraße) führt zum Schul- und Sportzentrum hinauf. Genau in Höhe der Tennisplätze verlassen wir den Gäurandweg und wandern auf dem unbezeichneten Waldweg geradeaus weiter. Er führt zu einer Straßengabelung, etwa 1 Kilometer vor Wurmberg. Hier queren wir die Straße nach rechts, folgen dem außerhalb des Waldrandes verlaufenden Feldweg und wählen den ersten nach links abbiegenden Weg, der zum Ortsrand von Wurmberg führt.

6 Von Weil der Stadt-Merklingen zum Büchelberg

Verkehrsmöglichkeiten Weil der Stadt ist Endstation der S-Bahn-Linie aus Richtung Stuttgart. Gute Busverbindungen ab Bahnhof zum Stadtteil Merklingen.
Parkmöglichkeiten In der Ortsmitte von Merklingen bei Kirche und Rathaus.
Wegmarkierungen Blaue Raute mit weißem Balken bis Büchelberg, Gäurandweg (Hagebutte) bis Möttlinger Köpfle, blau-gelbe Raute bis Merklingen.
Tourenlänge 13 Kilometer.
Wanderzeit 3 Stunden.
Höhenunterschiede Insgesamt etwa 200 Höhenmeter, angenehmer Anstieg aus dem Würmtal bei der Riemenmühle (380 m) zum Büchelberg (550 m).
Wanderkarte 1:50 000 (SWV) Blatt 1 Karlsruhe-Pforzheim.
Wissenswertes *Merklingen* hat einen sehenswerten historischen Ortskern mit Kirchenburg und Pfleghof des Klosters Herrenalb, daneben das Rathaus aus dem 16. Jahrhundert. Der Büchelberg ist seit 1938 als Naturschutzgebiet ausgewiesen. Die ehemalige Jakobskirche am Fuße des Büchelbergs stammte aus dem 7. Jahrhundert. Sie lag an einem »Zubringer« zur Pilgerstraße nach Santiago de Compostela in Spanien zum Grabe des heiligen Jakobus (Informationstafel am Wege).
Anmerkung Die lohnende Rundwanderung führt streckenweise über lehmige Feldwege und wird deshalb für trockene Witterung empfohlen. Die Wacholderheide des Büchelbergs ist zwar ein ideales Spielgelände, doch müssen die »Spielregeln« eines Naturschutzgebietes strikt eingehalten werden.

Tourenbeschreibung In *Merklingen* geht es am alten Rathaus vorbei zum flachen Talgrund der Würm. Nach Queren des Bachlaufes führt der Wanderweg entlang des klaren Flüßchens talabwärts (Wegweiser Talhof – Büchelberg). In Höhe der *Riemenmühle* queren wir die Würm nach links, folgen der Fahrstraße für wenige Meter (Gehweg) und steigen dann auf einem Feldweg über freie Ackerflächen bis zum Fahrsträßchen Münklingen – Hausen bergan. Nach Queren des Sträßchens zieht der gut bezeichnete Weg an der Waldkuppe des Kuppelzen (521 m) vorbei. Bei einer Weggabelung (Wacholdergruppe, Sitzbank) ist der Gäurandweg erreicht, der von Mühlacker nach Schopfloch führt.

Es lohnt sich, dem Gäurandweg über die Hochfläche des Büchelbergs zu folgen, denn hier bieten sich herrliche Rastplätze an. Wir folgen der Hagebuttenmarkierung, bis diese die Straße Neuhausen – Münklingen quert. Hier folgen wir für 800 Meter der Fahrstraße nach links in Richtung Münklingen bis zur *Jakobskapelle*. Die blau-gelbe Markierung zeigt den Weiterweg an, der einem ansteigenden befestigten Weg folgt (Tafeln Waldlehrpfad). Nach Queren der Straße Münklingen – Möttlingen folgt wieder ein schöner Weg über die Hochfläche. Bald bieten sich schöne Ausblicke zum Schwarzwald und zu den Bergen der Schwäbi-

Weil der Stadt (© Ulrich Schnabel)

schen Alb. Auf dem *Möttlinger Köpfle* (Kinderspielplatz) verlassen wir den Gäurandweg. Direkt an der Straße steht ein Wanderwegweiser. Wir folgen der blau-gelben Raute nach Osten, durchwandern oberhalb von Merklingen eine Gartenanlage und kommen auf einem Landwirtschaftsweg in »Fall-Linie« direkt zum Marktplatz in *Merklingen* zurück.

7 Von Weil der Stadt über Möttlingen und Simmozheim zum Predigtplatz

Verkehrsmöglichkeiten S-Bahn-Endstation der Linie Stuttgart – Leonberg – Weil der Stadt, Busverbindungen in Richtung Calw.
Parkmöglichkeiten Wenig Parkplatz um den Marktplatz, günstiger beim S-Bahnhof.
Wegmarkierungen Blau-gelbe Raute.
Tourenlänge 16 Kilometer.
Wanderzeit 4 Stunden.
Höhenunterschiede Insgesamt etwa 250 Höhenmeter, verteilt auf mehrere kurze Anstiege.
Wanderkarte 1:50 000 (SWV) Blatt 1 Karlsruhe-Pforzheim.
Wissenswertes Die ehemalige Freie Reichsstadt Weil der Stadt hat vieles von ihrem mittelalterlichen Stadtbild in unsere Zeit gerettet. Interessant ist der Besuch des Keplermuseums im Geburtshaus des großen Astronomen und Mathematikers (1571–1630) am

Weil der Stadt, Rathaus (© Bernd Kottal)

sehenswerten Marktplatz und der Stadtkirche St. Peter und Paul aus dem Jahre 1492.

Anmerkung Durch den S-Bahn-Anschluß bietet diese Rundwanderung Gelegenheit für einen Wandertag ohne Auto aus dem Ballungsraum um Stuttgart.

Tourenbeschreibung In der Nähe des Bahnhofs *Weil der Stadt* wandern wir über die Bahnbrücke und halten uns an die Fahrstraße in Richtung Möttlingen, bis unser Wanderweg in Höhe der Sportanlagen nach rechts in den Wald zieht. Auf gut ausgebauten Wegen geht es am *Schützenhaus* und an einem Waldspielplatz mit vielen Holzgeräten vorbei durch den Wald, den wir später auf der Höhe über dem Würmtal wieder verlassen. Wir bleiben auf der Höhe und erreichen bald den schönen Rast- und Spielplatz auf dem *Möttlinger Köpfle.*

Hier überqueren wir die Fahrstraße (Wegtafel direkt an der Straße) und wandern durch die typische Gäulandschaft zum

Hundsrücken über Simmozheim (576 m). Es bieten sich mehrere bezeichnete Abstiege nach Simmozheim an, doch empfiehlt es sich, dem Höhenrücken bis zum *Aussichtspunkt Hörnle* zu folgen (Parkplatz, schöner Blick zur Albkette).

Auf dem kaum befahrenen Fahrsträßchen (Zubringer zum Wanderparkplatz Hörnle) geht es steil hinab nach *Simmozheim*. Über die Bismarck- und Ostelsheimer Straße erreichen wir bei der Geißberghalle den Ortsrand und queren die B 295. Unmittelbar nach der Brücke biegt der Wanderweg nach links ab und zieht

Weil der Stadt, Blick vom Malersbuckel
(© Stadtverwaltung Weil der Stadt, Foto: Steffen Burger)

in weitem Bogen zum Waldrand hinauf. Bei einem einzelstehenden Kirschbaum, etwa 300 Meter vor dem Waldrand, wählen wir die linke Abzweigung (Markierung!) und kommen durch den Wald hinauf zum *Predigtplatz*, einem stillen Ort der Andacht unter uralten Bäumen. Hier zweigt unser Weiterweg nach links ab und bringt uns in einer guten Wanderstunde nach *Weil der Stadt* zurück.

8 Von der Ostelsheimer Höhe durch das Gäu zum Venusberg

Verkehrsmöglichkeiten Keine günstige Verbindung mit öffentlichen Verkehrsmitteln, Pkw-Zufahrt ab Ostelsheim.
Parkmöglichkeiten Ostelsheimer Höhe.
Wegmarkierungen Blauer Pfeilkranz.
Tourenlänge 17 Kilometer.
Wanderzeit 4 Stunden.
Höhenunterschiede Insgesamt etwa 140 Höhenmeter, verteilt auf leichte Anstiege.
Wanderkarte 1:50 000 (SWV) Blatt 3 Wildbad – Freudenstadt. Das Naturschutzgebiet Venusberg liegt außerhalb des Kartenschnittes, die Wegführung ist jedoch eindeutig.
Wissenswertes Die charakteristischen Hecken in ihrer großen Artenvielfalt prägen das Landschaftsbild der Gäuflächen. Die Rundwanderung berührt den Ostelsheimer Heckenlehrpfad. Auf 50 Hinweistafeln wird die Lebensgemeinschaft von Pflanzen und Tieren anschaulich dargestellt.
Anmerkung Trotz der Nähe zum Ballungsraum Sindelfingen-Böblingen führt diese Wanderung durch eine vielfach noch intakte Gäulandschaft.

Tourenbeschreibung Beim Parkplatz auf der Höhe zwischen Ostelsheim und Gechingen zeigt eine Wandertafel den Verlauf des Rundweges an. Wir folgen kurz dem Fahrsträßchen in Richtung Gewerbegebiet Sohlengrund, biegen dann rechts ab und durchqueren das kleine Gewerbegebiet. Nach 1200 Metern geht es nach rechts, gleich darauf gabeln sich die Wanderwege. Wir wandern geradeaus weiter (Wegweiser: Gechingen 6,3 km), Waldstücke, Felder und Heideflächen wechseln sich ab, eine Schutzhütte steht rechts des Weges. Die Fahrstraße Althengstett-Gechingen wird gequert, wir folgen kurz dem Gäurandweg Mühlacker-Schopfloch (Hagebutte), bis dieser in einer flachen Mulde scharf nach rechts abzweigt (Wegweiser an alter Kiefer). Wir gehen 100 Meter geradeaus weiter in Richtung des Strommastens und finden rechts des Pfades bei einer Buschgruppe einen Markierungsstein (Gechingen 3 km). Es geht 200 Meter nach rechts, bis wieder die Markierung nach links zu einem verwachsenen Pfad führt, der gleich darauf in einen bezeichneten Weg einmündet. 500 Meter weiter verläßt unser Wanderpfad den Hauptweg nach rechts und führt hinab nach *Gechingen*.

Wir verlassen das Dorf bei der Marienlinde (Kreuzstraße-Hochtennenweg), wandern hinab zur Straßenkreuzung und fol-

gen für 1200 Meter dem Fahrweg in Richtung Lindenhof. Wo dieser in Höhe der Viehweiden nach links abbiegt, gehen wir geradeaus weiter (ausgebleichte Wegzeichen am Weidegatter) über die freie Hochfläche, dann folgt ein Rechts-Links-Knick des Weges (Wanderzeichen auf Steinblock bei Buschgruppe), bald darauf ist das Naturschutzgebiet um den *Venusberg* erreicht.

Auf der Anhöhe biegen wir nach links ab (Wegweiser nach Drei Buchen auf Steinblock). Dort bietet sich ein schöner Rastplatz unter uralten Bäumen an. Jetzt liegen noch 2 Kilometer Wanderstrecke vor uns, die entlang des erwähnten Heckenlehrpfades zur Ostelsheimer Höhe zurückführen.

9 Vom Simmozheimer Hörnle zum Täfelberg

Verkehrsmöglichkeiten Keine öffentlichen Verkehrsmittel zum Wanderparkplatz Hörnle. Pkw-Zufahrt über Simmozheim an der B 295 Leonberg – Calw und über Möttlingen.
Parkmöglichkeiten Wanderparkplatz Simmozheimer Hörnle.
Tourenlänge 16 Kilometer.
Wanderzeit 4 Stunden.
Höhenunterschiede Insgesamt etwa 230 Höhenmeter, kurzer kräftiger Anstieg am Schluß der Rundwanderung zwischen Simmozheim (483 m) und Parkplatz Hörnle (587 m).
Wegmarkierungen Blau-gelbe Raute bis »Hintere Hütte«, Gäurandweg (Hagebutte) bis Simmozheim, nach Beschreibung oder weiter mit Gäurandweg bis Parkplatz Hörnle.
Wanderkarte 1:50 000 (SWV) Blatt 1 Pforzheim – Karlsruhe.

Wissenswertes Der *Waldenserstein*, errichtet im Jahre 1881, erinnert an die Einwanderung der Glaubensflüchtlinge aus dem französisch-italienischen Grenzgebiet in Piemont. Bis heute haben sich viele Familien- und Ortsnamen der Waldenser erhalten, die als »Asylbewerber« um das Jahr 1700 in Württemberg Zuflucht fanden (Perouse, Klein-Villars, Pinache, Serres, Corres u. a.).

Tourenbeschreibung Direkt beim Parkplatz zeigt die blau-gelbe Raute den Weg über den aussichtsreichen *Hundsrücken* zum *Waldenserstein* an, den wir nach zwanzig Minuten Wanderzeit erreichen. Direkt beim Gedenkstein (Sitzbank) beginnt ein nicht bezeichneter befestigter Weg, auf dem wir direkt nach *Neuhengstett* hinabwandern. Durch das Dorf müssen wir der Fahrstraße folgen. 300 Meter nach der kleinen Waldenserkirche übernimmt wieder die blau-gelbe Raute unsere Führung (Calwer Straße/ Kreissparkasse). An der Waldecke taucht wieder das Wanderzeichen auf (Althengstett 1,5 km).

Wir folgen dem Waldrand und unterqueren die B 295 und die Bahnlinie (Starenweg). Wieder zeigt ein Wanderzeichen den kurzen Anstieg zum Wanderheim des Schwarzwaldvereins an (0,7 km), und bald ist die Kuppe des Täfelbergs erstiegen.

Direkt hinter dem Gebäude entdecken wir wieder die blau-gelbe Raute. 100 Meter nach Verlassen des kleinen Waldstückes heißt es jedoch aufpassen, denn wir müssen hier dem nach links

Beim Simmozheimer Hörnle (© Ulrich Schnabel)

führenden ausgebauten Feldweg folgen. Erst am letzten Obstbaum zur Linken taucht wieder das Wanderzeichen auf. Wer zuvor geradeaus weiterwandert, gerät in ein Militärgelände und wird nicht immer besonders freundlich empfangen.

In Höhe einer eingezäunten Himbeer- und Erdbeeranlage verläßt unser Wanderpfad den Hauptweg durch einen schmalen Schlupf (Markierung beachten!). Durch typische Gäulandschaft zieht der Weg zu einer Waldspitze und weiter zur *Hinteren Hütte*. An dieser einfachen Schutzhütte münden wir in den Gäurandweg ein (Tafel Simmozheim 5,5 km, nach 50 m rechts). Der lückenlos bezeichnete Weg quert die Fahrstraße Calw – Sindelfingen, dabei ist wieder genau auf die mehrfach abknickende Wegführung zu achten. Durch ein Waldstück wird der ruhige Weiler *Büchelbronn* erreicht. Nun müssen wir dem Fahrsträßchen folgen und wandern über die Jahn- und Bismarckstraße nach *Simmozheim* hinein.

Über die Steigstraße kann direkt zum Parkplatz Hörnle angestiegen werden. Auf halber Höhe biegt jedoch der Gäurandweg rechts ab (Bezeichnung in Richtung Möttlingen) und führt als etwas längere aber aussichtsreiche Variante zum Parkplatz hinauf.

10 Von Tiefenbronn zur Ruine Liebeneck

Verkehrsmöglichkeiten Busverbindungen in Richtung Pforzheim und Weil der Stadt.
Parkmöglichkeiten In der Ortsmitte.
Wegmarkierungen Blau-gelbe Raute bis Liebeneck, schwarzrote Raute (Ostweg) bis Steinegg, Hagebutte (Gäurandweg) bis Tiefenbronn.
Tourenlänge 14 Kilometer. **Wanderzeit** 3½ Stunden.
Höhenunterschiede Insgesamt etwa 300 Höhenmeter, zwei kräftige Anstiege beim Queren des Würmtales.
Wanderkarte 1:50 000 (SWV) Blatt 1 Karlsruhe-Pforzheim.
Wissenswertes Die *Tiefenbronner Kirche* birgt neben einem Hochaltar von Schüchlin (1469) ein Kunstwerk von besonderem Rang. Es ist der Magdalenenaltar von Lucas Moser (1431). Vielgedeutet ist auch die Inschrift des Meisters, dessen Name nur einmal in der Kunstgeschichte auftaucht: schri.kunst.schri.und. klag.dich.ser.din.begert.iecz.niemen.mer.so.o.we.1431. – Die *Burg Liebeneck* wurde im 12. Jahrhundert aus mächtigen Buckelquadern errichtet und erst im 19. Jahrhundert zerstört, um »Gesindel« zu vertreiben, das hier Unterschlupf gesucht hatte. Eine Tafel im Burghof berichtet über die Geschichte.

Burgruine Liebeneck (© Ulrich Schnabel)

Tourenbeschreibung Unser Wanderweg verläßt *Tiefenbronn* auf der Fahrstraße in Richtung Seehaus – Pforzheim, biegt in Höhe des Friedhofes rechts ab und zieht gut markiert durch den Wald. Wir queren die Fahrstraße und müssen nun gut auf die Markierung achten, denn der Weg knickt mehrmals ab, bis er auf den schönen Würmhaldenweg einmündet, der in gleichbleibender Höhe zur *Burgruine Liebeneck* führt (überdachter Rastplatz). Mit dem Ostweg Pforzheim – Schaffhausen steigen wir nun zum Talgrund der Würm hinab, queren den Fluß über die *Dollbronner Brücke* und steigen am Gegenhang teilweise steil hinauf nach *Hamberg*. Der schöne Weg zieht zur *Ruine Steinegg* und zum gleichnamigen Dorf. Hier münden wir in den Gäurandweg Mühlacker – Schopfloch ein, steigen mit der Hagebuttenmarkie-

(© Ulrich Schnabel)

rung wieder in das Würmtal ab, folgen der Fahrstraße kurz nach rechts und queren diese in Höhe des *Gasthauses Wasserwerk*. Hier zieht ein steiles Fahrsträßchen (Einbahnverkehr) nach Tiefenbronn hinauf.

11 Von Pforzheim-Kupferhammer nach Hohenwart und zum Seehaus

Verkehrsmöglichkeiten Gute Bahn- und Busverbindungen nach Pforzheim, Stadtbuslinie ab Hauptbahnhof zum Kupferhammer.
Parkmöglichkeiten Beim Kupferhammer am Stadtrand in Richtung Bad Liebenzell – Calw (Nagoldtal).
Wegmarkierungen Blaue Raute mit weißem Balken bis Hohenwart, nach Beschreibung bis Dollbronner Brücke, schwarz-rote Raute (Ostweg) bis 1 Kilometer nach Ruine Liebeneck (siehe Anmerkung), blau-gelbe Raute über Seehaus bis Kupferhammer.
Tourenlänge 19 Kilometer. **Wanderzeit** 5 Stunden.
Höhenunterschiede Insgesamt etwa 400 Höhenmeter, anhaltende Steigung zwischen Kupferhammer (255 m) und Hohenwart (520 m), kurzer Steilanstieg vom Würmtal zur Ruine Liebeneck.
Wanderkarte 1:50 000 (SWV) Blatt 1 Karlsruhe-Pforzheim.
Wissenswertes Der *Kupferhammer* am Stadtrand von Pforzheim ist ein »Markenzeichen« für Schwarzwaldwanderungen, denn hier beginnen die drei großen Höhenwege nach Basel (Westweg),

Tiefenbronn, Hauptstraße (© Bernd Kottal)

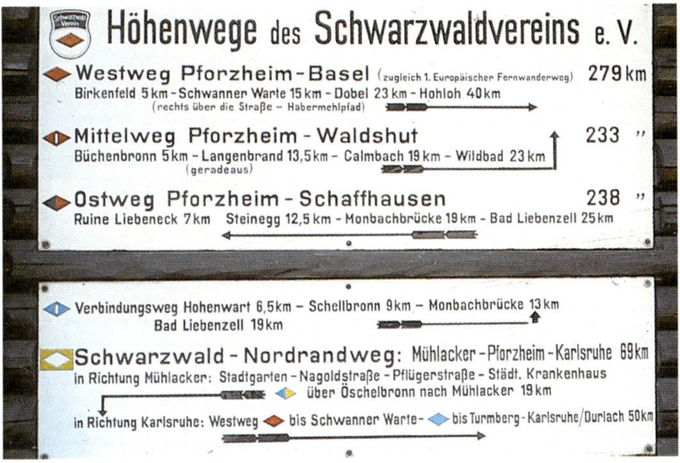

Wegetafel am **Kupferhammer** (© Ulrich Schnabel)

Waldshut (Mittelweg) und Schaffhausen (Ostweg). – Das *Seehaus* liegt inmitten des Hagenschieß, einem ausgedehnten Waldgebiet vor den Toren Pforzheims und ist ein traditionelles Wander- und Ausflugsziel mit Stadtbusanschluß nach Pforzheim. Restaurant, Biergarten, Kinderspielplatz, und die vielen »Allwetterwege« locken Wanderer und Radfahrer an. – Ganz in der Nähe liegen die lohnenden Ausflugsziele Wildpark (siehe Tour 12) und Alpengarten (siehe Tour 13). – Im Juni 2002 wurde der neue Aussichtsturm bei *Hohenwart* eingeweiht. Die kühne Konstruktion aus Lärchenholz ragt 40 Meter über die vom Orkan »Lothar« an Weihnachten 1999 kahlgefegten Flächen. Eine stählerne Treppe windet sich über 192 Stufen zur »Hohen Warte« hinauf, die eine großartige Rundsicht bietet. Wanderparkplätze an der Unterreichenbacher Straße und zwischen Hohenwart und Schellbronn bieten den Zugang zu dieser neuen Attraktion im Nordschwarzwald. Vom Pforzheimer Stadtteil Hohenwart aus führt ein bequemer Fußweg ab der Heilig-Kreuz-Kirche über den Hohlweg zum Turm.

Anmerkung Die lohnende Rundwanderung kann problemlos um etwa eine Wanderstunde gekürzt werden, wenn man ab Liebeneck auf dem Ostweg bleibt und über Würm zum Kupferhammer zurückkehrt.

Tourenbeschreibung Die Rundwanderung beginnt direkt bei der großen Informationstafel des Schwarzwaldvereins, die den Ausgangspunkt der drei berühmten Höhenwege markiert. Ein schöner Waldweg zieht ab Kupferhammer allmählich bergan und

nach 7 Kilometern auf streckenweise idyllischen Pfaden ist der hochgelegene Stadtteil *Hohenwart* erreicht. Wir verlassen Hohenwart über die Kastanienallee. An deren Ende am Waldrand folgen wir dem asphaltierten Weg geradeaus, der in Höhe eines BMX-Parcours nach links zieht. Er führt am alten Heuwegbrunnen vorbei. Am Ende des befestigten Weges geht es geradeaus weiter abwärts (Tafel Aussichtspunkt-Sitzgruppe). Der tief ausgefurchte Weg passiert den Rastplatz Heuweghütte, die Aussicht ist jedoch verwachsen.

Der kurze Abstieg führt zur *Dollbronner Brücke*, und am Gegenhang geht es auf dem Ostweg kurz bergan zur *Ruine Lie-*

beneck. Wir folgen weiter mit der Ostweg-Markierung dem Talhang, dürfen aber nach einem Kilometer die blau-gelbe Raute nicht übersehen, die nach rechts den Weg zum Seehaus anzeigt. Breite Holzabfuhrwege und schmale Pfade wechseln sich ab, dabei ist stets auf die lückenlose Markierung zu achten, denn der Wanderweg wechselt mehrfach die Richtung und erreicht schließlich das *Seehaus*. Wir folgen 200 Meter der Straße bis zum Waldrand, dort verläßt der Wanderweg die Straße nach links (Wegweiser Alpengarten). Die letzte Wanderstunde führt auf schönem Waldweg (Seehauspfad) über dem Würmtal entlang und hinab zum *Kupferhammer*.

12 Der Pforzheimer Wildpark

Der seit 1968 bestehende Pforzheimer Wildpark und die inzwischen 16 Hektar große Anlage sind zu einem beliebten Familienziel geworden, das jährlich mehr als 80 000 Besucher anlockt.

Der Pforzheimer Wildpark bietet viel mehr als die an vielen Orten angelegten Schaugehege mit wenigen Tierarten, aber niemand denkt daran, dem Karlsruher Zoo oder der Wilhelma in Stuttgart Konkurrenz zu machen. Rot- und Rehwild, Wildschweine, Steinböcke und die selten gewordenen Uhus sind ebenso vertreten wie Dachs und Lama, Yaks, Ziegen und Federvieh in allen

Wildschweine (© Ulrich Schnabel)

Enzian (© Christina Garstecki)

Schattierungen. Ganz besonders stolz ist man hier auf die stattliche Wisentherde, dem einzigen Bestand in Baden-Württemberg. Diese urtümlichen Riesen waren fast ausgerottet, als man im Jahre 1924 anfing, den letzten Restbestand zu erhalten und zu vermehren. Schon im Jahre 1967 wurden auf der Erde wieder 860 Exemplare gezählt.

Dem Pforzheimer Wildpark ist ein Vogelschutz-Lehrpfad angegliedert. Er soll den Besuchern die einheimische Vogelwelt vertraut machen und bietet durch verschiedene Modelle von Nist- und Fütterungshilfen wertvolle Anregungen zum aktiven Vogelschutz. Die Naturkundliche Begegnungsstätte im Wildpark zeigt in Wechselausstellungen interessante Themengebiete und seit Herbst 2002 ist der Wildpark mit der Einrichtung eines Kinderbauernhofes für einen Familienausflug noch interessanter geworden. Der Wildpark liegt am Westrand der Goldstadt (innerstädtische Wegweiser). Eine günstige Zufahrt bietet die Autobahnausfahrt Heimsheim an der Strecke Stuttgart – Karlsruhe. Der Eintritt ist kostenlos, doch wird eine Spende gerne angenommen. Parkplätze sind am Wochenende reichlich vorhanden. Für Wanderer und Spaziergänger bieten sich zahlreiche und bequeme Waldwege an, auch der sehenswerte Alpengarten (siehe Tour 13) liegt ganz in der Nähe.

13 Der Alpengarten in Pforzheim-Würm

Der Bergsteiger steht immer wieder überrascht vor den kleinen Blütenwundern in der lebensfeindlichen Region des Hochgebirges. Manche »Blumenfreunde« versuchen auch immer wieder, die duftig-zarten Gewächse auszugraben und im Hausgarten zu neuem Leben zu erwecken. Natürlich ist dies verboten und geht zum Glück auch meist schief, denn alpine Pflanzen sind Fremdlinge in unseren Breiten, und so geht die gestohlene Blumenpracht ein »wie die Primeln«.

Zum »Heimisch-Machen« dieser Pflanzen gehört eine Menge Erfahrung, Geduld und gärtnerische Liebe.

Punktenzian (© Ulrich Schnabel)

Im Alpengarten Würm kommen all diese Voraussetzungen zusammen. So steht der Besucher staunend vor der Blütenpracht in dieser etwa 2 Hektar großen Anlage. Über 100 000 Pflanzen in mehr als 5 000 Arten repräsentieren hier die Flora aller Hochgebirgsregionen der Erde. Im Frühling beginnen Narzissen, Wildtulpen und viele andere Frühblüher den Blütenreigen, die Alpenrosen kommen im Mai hinzu, und bis in den späten Oktober hinein lohnt sich der Besuch des Alpengartens. Blumen- und Gartenfreunde werden hier auch beraten und können viele Pflanzen für ihren Hausgarten erwerben.

Die Vogelstimmenanlage im Alpengarten ist ein besonders beliebter Treffpunkt. Hier trillern, zwitschern und pfeifen unsere heimischen Singvögel um die Wette und es macht Spaß, die einzelnen Sänger zu bestimmen oder zu erraten. Gleich nebenan lädt die Waldschenke mit Kaffeeterrasse zu erholsamer Rast ein.

Der Alpengarten ist vom Frühjahr bis zum Herbst täglich von 8 bis 19 Uhr geöffnet und gegen eine Eintrittsgebühr zu besichtigen. Die Zufahrt ist von Pforzheim aus beschildert. Es empfiehlt sich, das Fahrzeug auf dem Parkplatz im Würmtal zu parken, da direkt vor dem Alpengarten nur wenig Parkraum zur Verfügung steht.

Als Ausgangspunkt einer kleinen Wanderung zum Alpengarten bietet sich das Seehaus im Hagenschießwald an. Der Fußweg beginnt gegenüber der Gaststätte (Wegweiser) und ist in einer halben Stunde zu bewältigen.

Rotbrauner Frauenschuh (© Christina Garstecki)

14 Von Bad Liebenzell durch das Monbachtal

Verkehrsmöglichkeiten Bahn- und Busverbindungen in Richtung Pforzheim und Calw.
Parkmöglichkeiten Am Bahnhof oder beim nahen Mineralbad.
Wegmarkierungen Schwarz-rote Raute (Ostweg) bis Monbachbrückle, gelb-blaue Raute bis Monakam, örtliche Wegweiser nach Bad Liebenzell.
Tourenlänge 11 Kilometer. **Wanderzeit** 3 Stunden.
Höhenunterschiede Insgesamt etwa 240 Höhenmeter.
Wanderkarte 1:50 000 (SWV), Blatt 1 Karlsruhe – Pforzheim.
Wissenswertes »Das Bad von Zell ist unter den gewärmten Bädern das fürnehmste, an einem sehr lustigen Ort mit Matten, Wäldern und laufendem Wasser gelegen.« So hat ein weitgereister Arzt schon vor 400 Jahren *Bad Liebenzell* gepriesen, das sich heute als moderner Badeort präsentiert.

Interessanter Apothekergarten im Kurpark, Museum der Liebenzeller Mission, Burg aus der Stauferzeit. Das Monbachtal, einst die Grenze zwischen Württemberg und Baden, wurde schon um das Jahr 1900 zugänglich gemacht und ist seit Generationen ein beliebtes Ausflugsziel.
Anmerkung Nach extremen Regenfällen, starker Schneeschmelze oder bei Glatteis kann das Begehen der Schlucht gefährlich werden.

Bad Liebenzell (© Ulrich Schnabel)

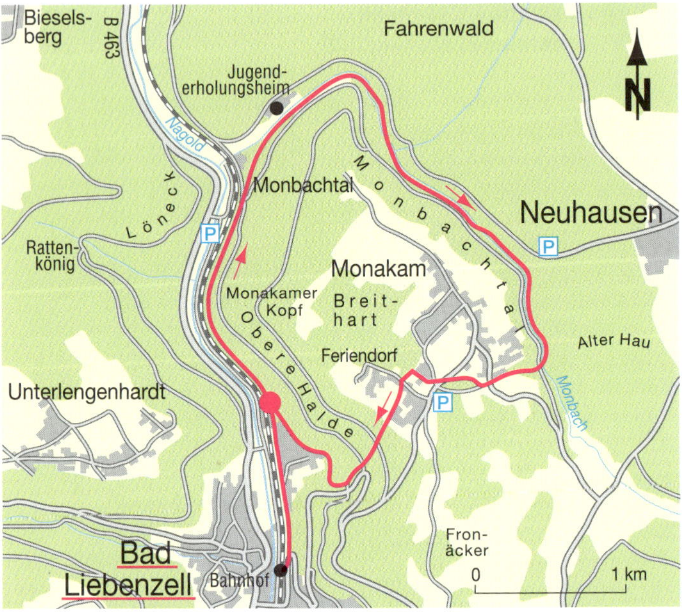

Tourenbeschreibung Vom *Bahnhof Bad Liebenzell* aus folgen wir der rot-schwarzen Ostwegmarkierung nagoldabwärts. Zuerst entlang eines Wohngebietes, dann auf schönem Waldweg erreichen wir das Bildungs- und Freizeitzentrum der Liebenzeller Mission im unteren *Monbachtal*. Der Ostweg biegt rechts ab (Wildgehege), und führt nun in die allmählich enger werdende Schlucht hinein. Die nächsten vier Kilometer sind das reinste Wandervergnügen! Steile Wände, kleine Wasserfälle und tiefe Gumpen, moosige Felsen und gurgelnde Quellen säumen den Weg. Mehrmals muß der Bachlauf buchstäblich über Stock und Stein gequert werden. Beim *Monbachbrückle* liegt dann der romantischste Teil der Schlucht hinter uns. Wir verlassen hier den Ostweg und folgen weiter für 800 Meter dem Bachlauf bis zum Wasserwerk. Hier geht es nach rechts hinauf zum Ortsrand von *Monakam*, wo wir die Fahrstraße queren.

Ein Wegweiser (Bad Liebenzell 2 km) zeigt den kürzesten Abstieg ins Nagoldtal an. Wir folgen kurz dem abgeschrankten Fußweg, dann der Straße Hähренwald, gleich darauf biegt nach links der Monakamer Kirchweg ab. An dessen Ende (Tafel privater Spielplatz) beginnt der anfänglich eingeschotterte Waldweg, der steil hinabzieht, den Waldfriedhof durchquert und dicht beim Bahnhof den Talgrund erreicht.

Wer den Abstieg ausdehnen will, hat ab Ortsrand Monakam die Wahl, über Kühnloch (5,4 km) oder Monakamerkopf (4,2 km) auf örtlich markierten Wegen nach *Bad Liebenzell* abzusteigen.

Bad Liebenzell, Kurpark (© Bernd Kottal)

Monbachschlucht bei Bad Liebenzell (© Heinz R. Wittner)

15 Von Birkenfeld zur Büchenbronner Höhe und zum Hermannsee

Verkehrsmöglichkeiten Bahn- und Busverbindungen in Richtung Pforzheim, Wildbad und Freudenstadt.
Parkmöglichkeiten Beim Bahnhof Birkenfeld (Industriestraße), Aldi-Parkplatz beim Bahnübergang.
Wegmarkierungen Blaue Raute mit weißem Balken bis Aussichtsturm, rote Raute mit weißem Balken (Mittelweg) bis Hermannsee, kurz nach links auf Fahrweg, dann blaue Raute mit weißem Balken (Theodor-Bornet-Weg) bis Bahnhof Birkenfeld.
Tourenlänge 13 Kilometer. **Wanderzeit** 3½ Stunden.
Höhenunterschiede Insgesamt etwa 360 Höhenmeter.
Wanderkarte 1:50 000 (SWV) Blatt 1 Karlsruhe-Pforzheim.
Wissenswertes Die spindeldürre Stahlkonstruktion des Aussichtsturms auf der *Büchenbronner Höhe* wurde im Jahre 1984 als Hundertjähriger renoviert. Wer bei starkem Wind die 125 Stufen hinaufsteigt, kann nachempfinden, was Bergsteiger meinen, wenn sie von der »Nähmaschine in den Knien« reden. Beim Hermannsee besteht Einkehr- und – sei der See auch noch so winzig – Bootsfahrgelegenheit.

Tourenbeschreibung Ein schmaler Fußgängersteg führt dicht beim Bahnhof über die Enz, die sich hier noch als klarer Gebirgsbach mit flitzenden Forellen präsentiert. Hier berühren wir ganz kurz den Westweg Pforzheim – Basel, wandern aber entlang der Enz stetig talaufwärts und verlassen den Talgrund erst nach einer halben Wanderstunde nach links, gut geleitet von der blauen Raute. Der Weg steigt nun an und führt zur *Eichberghütte* bei einer fünffachen Wegspinne. Ein schmaler Pfad löst nun den breiten Weg ab, und an der *Engelsbrander Hütte* (590 m) vorbei ist bald die *Büchenbronner Höhe* erstiegen.

Direkt beim Turm übernimmt die Mittelwegmarkierung (rote Raute mit weißem Balken) die Führung in Richtung Pforzheim bis zum *Hermannsee* (Gaststätte, Wildgehege). Wir wenden uns nach links, münden bald in den Theodor-Bornert-Weg ein und wandern hinab ins Enztal, wo der Weg direkt beim Fußgängersteg ausmündet.

16 Die Frischglück-Grube und das Erlebnismuseum Nordschwarzwald in Neuenbürg

Das malerische Städtchen *Neuenbürg* liegt in einer engen Enzschleife wenige Kilometer von Pforzheim entfernt und war über Jahrhunderte das Zentrum eines ausgedehnten Bergreviers, in dem schon die Kelten und Römer nach Erz gegraben und Eisen geschmolzen hatten.

Die Arbeitsgemeinschaft Neuenbürger Bergbau hat in den Jahren 1979 bis 1985 in 22.000 freiwilligen Arbeitsstunden die historische Anlage in ein viel besuchtes Besucherbergwerk verwandelt. Der geführte Rundgang dauert etwa 45 Minuten, führt auf drei Sohlen des einst riesigen Gangsystems und gibt einen Einblick in die unsäglich schwere Arbeit der Bergleute.

Der Kirschgarten beim hochgelegenen Schloß und die nähere Umgebung der Ruine bilden ein ideales Erholungs- und Ausflugsziel. Hier beginnt auch der drei Kilometer lange Lehrpfad zum Besucherbergwerk. Zahlreiche Informationstafeln entlang des Weges berichten über die Geschichte des Bergbaus.

Das im Jahre 2001 eröffnete *Erlebnismuseum Nordschwarzwald* in den renovierten Räumen des Schlosses entwickelte sich schnell zu einem beliebten Ziel. Neben einer Tonbildschau und zahlreichen historischen Exponaten zeigt das neue Museum eine lebendige Inszenierung der Geschichte vom Kohlenmunk-Peter und dem Holländer Michel nach dem Märchen »Das kalte Herz« von Wilhelm Hauff.

Neuenbürg, Torhaus beim Schloß (© Bernd Kottal)

Die Auffahrt zum Schloß und der direkte Weg zum Besuchermuseum sind gut beschildert.

Über Führungs- und Öffnungszeiten gibt die Stadtverwaltung Neuenbürg gerne Auskunft.

17 Von Hirsau durch das Schweinbachtal und Kollbachtal

Verkehrsmöglichkeiten Gute Verbindungen in Richtung Calw und Bad Liebenzell – Pforzheim.
Parkmöglichkeiten Bei der Klosteranlage mit Parkautomaten, freies Parken etwas oberhalb an der Straße in Richtung Oberreichenbach.
Wegmarkierungen Blaue Raute mit weißem Balken und zahlreiche örtliche Wegweiser.
Tourenlänge 13 Kilometer.
Wanderzeit 3 Stunden.
Höhenunterschiede Insgesamt etwa 320 Höhenmeter, angenehmer Anstieg durch das Schweinbachtal.
Wanderkarte 1:50 000 (SWV) Blatt 1 Pforzheim-Karlsruhe.

Wissenswertes *Hirsau* feierte im Jahre 1991 ein großes Jubiläum, denn vor 900 Jahren wurde das Kloster gegründet. Noch heute verraten die Reste der ehemaligen Klosteranlage etwas von der Größe und Bedeutung dieses wichtigen Ortes kirchlicher Erneuerung. Die Kirche war nach dem Ulmer Münster der größte Kirchenbau in Schwaben. General Melac ließ das Kloster im Jahre 1692 niederbrennen, später diente die Ruine jahrhundertelang als Steinbruch. Leider mußten auch die von Ludwig Uhland besungenen Hirsauer Ulmen im Jahre 1989 fallen. Ihre Kronen »hoch überm Giebelsaum« galten als Wahrzeichen von Hirsau. Lohnend ist ein Besuch des Klostermuseums und der Aureliuskirche aus dem 11. Jahrhundert.

Tourenbeschreibung Wir folgen vom Parkplatz aus ganz kurz der Wildbader Straße, bis in Höhe des Fußgängerüberweges das Wanderzeichen nach links zeigt (Wegweiser Schweinbachtal – Oberkollbach 5 km). Nach Passieren eines Werksgeländes verengt sich das Tal und wir folgen dem romantischen Wildbach talaufwärts entlang dem Waldlehrpfad Hirsau.

Nach einer Wanderstunde verlassen wir die Waldschlucht nach rechts über ein uraltes Bogenbrückle aus Sandstein (Kirchenweg,

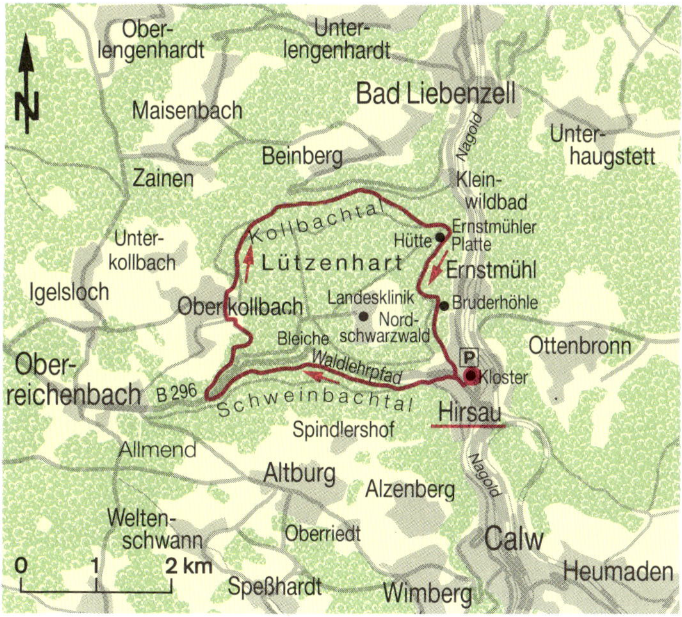

Hirsau, Klosteranlage (© Ulrich Schnabel)

Calw-Hirsau, Eulenturm beim ehemaligen Kloster Hirsau (© Bernd Kottal)

Wegweiser Oberkollbach 2 km). Wir queren die Fahrstraße, steigen noch einmal auf schmalem Pfad kurz an und folgen nun dem Waldrand nach *Oberkollbach* (631 m). Der *Tiroler Weg* zieht wieder zum Waldrand, biegt in Höhe der Liebenzeller Straße rechts ab und führt wieder in den Wald hinein (Wegweiser Bad Liebenzell 5 km).

30 Minuten nach Waldeintritt gabelt sich der Wanderweg. Wir halten uns nach rechts (Wegweiser in Richtung Hirsau) und folgen nun dem Talrand über der Nagold. Über die *Ernstmühler Platte* kommen wir dicht an der Bruderhöhle vorbei, die nur wenige Schritte abseits des Wanderweges liegt (Grotte mit schönem Rastplatz, Wegweiser). Der bequeme Abstieg ins Nagoldtal führt über die Brudersteige direkt zum Ausgangspunkt beim Kloster zurück.

18 Von Calw zur Burgruine Zavelstein und über den Rötelbachweg

Verkehrsmöglichkeiten Gute Bahn- und Busverbindungen nach Calw.
Parkmöglichkeiten Parkhäuser in der Innenstadt.
Wegmarkierungen Schwarz-rote Raute (Ostweg) bis Zavelstein, örtliche Markierungen nach Beschreibung zum Zavelsteiner Brückle, blau-gelbe Raute bis Calw.
Tourenlänge 14 Kilometer. **Wanderzeit** 3½ Stunden.
Höhenunterschiede Insgesamt etwa 300 Höhenmeter, steiler Anstieg am Beginn der Wanderung.
Wanderkarte 1:50 000 (SWV) Blatt 1 Karlsruhe-Pforzheim.
Wissenswertes »Zwischen Bremen und Neapel, zwischen Wien und Singapur habe ich manche hübsche Stadt gesehen, Städte am Meer und Städte hoch auf Bergen, und aus manchem Brunnen habe ich als Pilger einen Trunk getan, aus dem mir später das süße Gift des Heimwehs wurde. Die schönste Stadt von allen aber, die ich kenne, ist Calw an der Nagold, ein kleines, altes schwäbisches Schwarzwaldstädtchen.« Diesen »Werbespot« verdankt die Stadt Calw ihrem großen Sohn, dem lebenslangen Wanderer Hermann

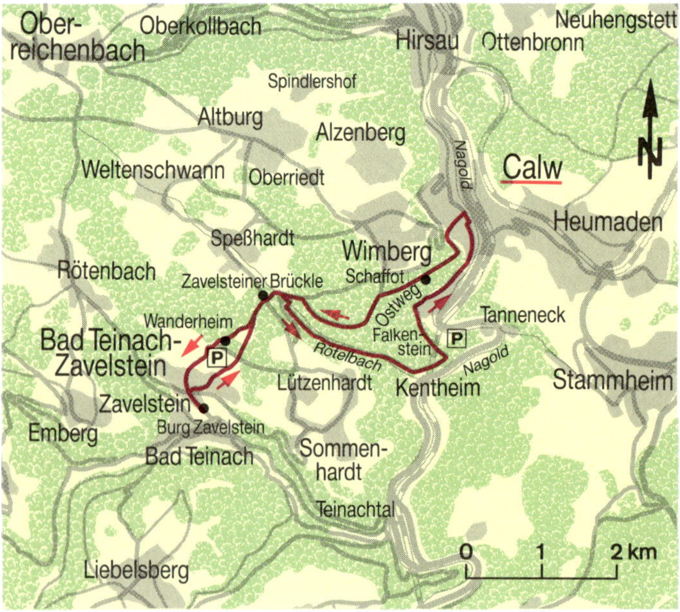

Calw (© Ulrich Schnabel)

Calw, historische Gebäude und Rathaus am Marktplatz (© Bernd Kottal)

Zavelstein (© Ulrich Schnabel)

Hesse. Ein Besuch des Hesse-Museums am schön gestalteten Marktplatz ist überaus lohnend. Calw wurde im 17. Jahrhundert durch die Calwer Zeughandelscompanie zur bedeutenden Handelsmetropole. Das liebevoll restaurierte Stadtbild und eine Brückenkapelle aus dem Jahre 1400 erzählen aus dieser großen Vergangenheit.

Das über 500 Jahre alte *Zavelstein* war bis zur Gemeindereform die kleinste Stadt Württembergs. Das eng zusammengekuschelte »Städtle« ist ein Kleinod und hatte beim Wettbewerb »Unser Dorf soll schöner werden« schon mehrmals die Nase vorn. Die Krokuswiesen um Zavelstein sind im zeitigen Frühjahr mit tausenden von

Zavelstein (© Ulrich Schnabel)

Blüten übersät. Lohnend ist der Aufstieg auf den 28 Meter hohen Bergfried der Ruine. – Das nahe *Bad Teinach* lockt mit seinem Thermalbad, und Kunstfreunde werden dem uralten romanischen Kirchlein in Kentheim einen Besuch abstatten.

Tourenbeschreibung Links des alten Rathauses (Salzgasse) entdecken wir die Wanderwegmarkierung des Ostweges nach Schaffhausen (schwarz-rote Raute). Zunächst geht es steil bergan, bis der Weg nach Ersteigen eines Aussichtspunktes über mächtigen Sandsteinfelsen bald flacher wird. Nach weiteren zwei Kilometern steht links unseres Weges das Schafott, ein uralter Richtplatz (Hinweistafel). Einige hundert Meter später verläßt unser Wanderpfad den Hauptweg nach rechts. Die Ostwegmarkierung leitet uns jedoch sicher zum *Wanderheim Zavelstein* und geradeaus weiter zu Städtchen und *Burg Zavelstein.*

Nach dem Besuch der Burg (lohnende Aussicht vom 28 Meter hohen Bergfried) verlassen wir Zavelstein über die *Schulstraße*, die am Marktplatz beginnt und hinter dem Friedhof vorbei zum Ortsrand hinauszieht. Hier weist eine Wegtafel in Richtung Calw – Speßhardt (Spinnerin-Kreuz-Weg). Später quert der Weg das Fahrsträßchen und zieht geradeaus einer Waldschneise entlang (Waldackerweg). Wir folgen diesem Pfad, bis er später in unseren Herweg einmündet. Beim *Zavelsteiner Brückle* folgen wir nach rechts dem Bächlein (Rötelbachweg, Markierung blau-gelbe Raute) und haben damit das schönste Teilstück unserer Wanderung vor uns. Bächlein und Weg schlängeln sich durch die Sandsteinblöcke ins Nagoldtal hinab. Wir halten uns bis zum Talgrund an die Markierung, die den Weg in Richtung Bahnhof Calw bezeichnet, bleiben aber auf der linken Flußseite und wandern auf dem *Walkmühlenweg* zur Stadt zurück.

19 Von Würzbach nach Oberkollwangen und Schmieh

Verkehrsmöglichkeiten Busverbindungen in Richtung Calw und Calmbach-Wildbad.
Parkmöglichkeiten Reichlich Parkplatz bei Kirche und Rathaus.
Wegmarkierungen Blaue Raute mit weißem Balken.
Tourenlänge 21 Kilometer.
Wanderzeit 5 Stunden.
Höhenunterschiede Insgesamt etwa 320 Höhenmeter, kurzer Steilanstieg zwischen Oberkollwangen und Schmieh.
Wanderkarte 1:50 000 (SWV) Blatt 3 Bad-Wildbad-Freudenstadt.

Anmerkung Würzbach muß man schon ein wenig auf der Karte suchen: Es liegt in 658 Metern Höhe Luftlinie Wildbad – Zavelstein. Die ausgedehnte Rundwanderung führt durch ruhige Waldgebiete und über aussichtsreiche Rodungsinseln über dem Tal der Teinach. Das Mineral-Thermalbad Bad Teinach und das Städtchen Zavelstein (siehe Tour 18) sind lohnende Nahziele.

Tourenbeschreibung Nahe des Rathauses entdecken wir an einer Linde an der Straßenkreuzung Agenbacher Straße/Calwer Straße unser Wanderzeichen. Der Graf Eberhard-Weg (Wegweiser: Alter Kern 1,5 km) geleitet durch den ruhigen Weiler, bis am Ortsrand (Sauerstraße) ein Wiesenweg zum Waldrand führt. Durch den Hornwald geht es zuverlässig markiert in südwestlicher Richtung bis zum Waldrand vor Agenbach. Der Wanderweg quert die Fahrstraße (Wegweiser: Hofstett – Simmersfeld) und berührt den Parkplatz *Roter Wasen*.

Bald biegen wir am Neuweiler Eck scharf links ab, erreichen bald wieder den Waldrand und kommen auf schönem Weg nach *Oberkollwangen*. Am alten Kirchlein vorbei geht es dorfabwärts (Teinachstraße), bis der Wanderweg in Höhe der Ortstafel nach rechts abzweigt. Der grasige Weg folgt einem kleinen Nebenbach der Teinach und quert bald wieder die Fahrstraße (Sandsteinblock mit Jahreszahl 1900). Es geht nur 10 Meter auf der Fahrstraße nach links, dann zeigt die vertraute Rautenmarkierung den steilen Anstieg an (Wegweiser Schmieh – Emberg – Zavelstein).

Burgruine Waldeck (© Ulrich Schnabel)

Am Kirchlein vorbei (Kirchstraße) durchwandern wir den kleinen Weiler *Schmieh*, dabei bieten sich schöne Nah- und Fernblicke. Beim letzten Gehöft geht es scharf rechts ab (Markierung beachten, Emberg 2 km). Unser Weiterweg berührt noch einmal die Fahrstraße und erreicht *Emberg* beim kleinen Friedhof. Wir wenden uns nach links (Wegweiser Würzbach 4,5 km). Am Waldrand bietet sich ein netter Rastplatz an, dann liegt noch eine Wanderstunde mit leichtem Anstieg vor uns, bis der Ausgangspunkt Würzbach erreicht ist.

20 Vom Bahnhof Bad Teinach zur Ruine Waldeck und nach Neubulach

Verkehrsmöglichkeiten Bahn- und Busverbindungen in Richtung Calw und Nagold.
Parkmöglichkeiten Am Hotel Teinachtal vorbei für 200 Meter der Straße in Richtung Neubulach folgen. Parkgelegenheit rechts der Straße.
Wegmarkierungen Blau-gelbe Raute bis Kinderspielplatz vor Altbulach, orangefarbene Wegweiser »Randweg« bis Neubulach,

Neubulach (© Ulrich Schnabel)

blau-gelbe Raute bis Oberhaugstett, schwarz-rote Raute (Ostweg) bis Bad Teinach, blau-gelbe Raute bis Ausgangspunkt.
Tourenlänge 18 Kilometer.
Wanderzeit 4½ Stunden.
Höhenunterschiede Insgesamt etwa 230 Höhenmeter. Kräftiger Anstieg zu Beginn der Rundwanderung aus dem Nagoldtal bis vor Altbulach.
Wanderkarte 1:50 000 (SWV) Blatt 3 Bad Wildbad-Freudenstadt.
Wissenswertes Die Burgruine *Waldeck* ist eine der größten im Nordschwarzwald. Sie wurde schon im Jahre 1284 durch Rudolf von Habsburg zerstört, und in den letzten Jahren war man bemüht, die baulichen Reste zu sichern.

Der Silberbergbau in *Neubulach* hatte im ausgehenden Mittelalter seine große Zeit. Heute ist der Hella-Glück-Stollen ein sehr lohnendes und beliebtes Ausflugsziel. Auch der alte Stadtkern lohnt einen kurzen Abstecher.
Anmerkung Die Rundwanderung bietet ein reiches »Rahmenprogramm« in unmittelbarer Nähe (Burgruine, Bergwerk, Aussichtsturm, Burg Zavelstein und Badevergnügen in Bad Teinach).

Tourenbeschreibung Vom Parkplatz vor dem Hotel Teinachtal (Nur für Gäste!), folgen wir für etwa 15 Minuten der gelb-blauen Raute entlang der Nagold, bis der Weg nach rechts steil ansteigt. Ganz plötzlich taucht vor uns die *Burgruine Waldeck* auf (Grillstelle, Rastplatz). Über einen eindrucksvollen Felsenpfad führt der Weg weiter zum Rastplatz bei Geigerles Lotterbett. Der eigenartige Name erinnert an einen unglücklichen Musikanten, der hier sein Nachtlager hatte. Noch einmal führt die blau-gelbe Raute steil bergan. nach einer Stunde Wanderzeit ist die Fahrstraße erreicht, der wir noch für 200 Meter bergan in Richtung Altbulach folgen.

Dann weist die orangefarbene Tafel »Randweg« nach links. Dieser Randweg mündet beim *Hella-Glück-Stollen* in die Mühlsteige ein, die uns nach *Neubulach* hinaufführt. In Höhe der Raiffeisenbank findet sich wieder die vertraute Rautenmarkierung (Wegweiser Oberhaugstett 2 km).

Wir verlassen Neubulach über die Gewerbestraße und wandern hinüber an den Ortsrand von *Oberhaugstett*. 100 Meter vor dem Industriegebiet knickt der bezeichnete Wanderweg scharf nach links ab, führt zur Ortsmitte und mündet beim Gasthof »Sonne« in den Ostweg ein (schwarz-rote Raute), der über freies Feld nach *Liebelsberg* weiterzieht. Ab dem erwähnten Wegknick kann aber auch auf ausgebautem Feldweg direkt zum bereits sichtbaren Liebelsberg gewandert werden.

Der hübsche Neubulacher Stadtteil *Liebelsberg* wird durchwandert, bis nach links die Weihergasse abbiegt. Der Wasserturm am Waldrand kann leider nicht mehr bestiegen werden. Der Ostweg zieht nun als steiler Pfad ins Tal der Teinach hinab. Kurz vor der Brücke beim Mineral-Thermalbad übernimmt wieder die blau-gelbe Raute die Führung (Wegweiser 3,7 km bis Bahnhof Teinach). An der Mineral-Therme und am Freibad vorbei geht es entlang zahlreicher Fischteiche talabwärts, und nach einer knappen Wanderstunde seit Bad Teinach schließt sich der Kreis dieser lohnenden Wanderung.

21 Rundwanderung um die Schwanner Warte

Verkehrsmöglichkeiten Haltestelle »Schwanner Warte« an der Buslinie Pforzheim – Bad Herrenalb.
Parkmöglichkeiten Parkplatz bei der Schwanner Warte oder beim Sportgelände Conweiler.
Wegmarkierungen Rote Raute (Westweg), örtliche Wegweiser bis Sportgelände Conweiler, blaue Raute bis Ausgangspunkt.
Tourenlänge 10 Kilometer.
Wanderzeit 2½ Stunden.
Höhenunterschiede Insgesamt etwa 120 Höhenmeter, keine anhaltenden Anstiege.
Wanderkarte 1:50 000 (SWV) Blatt 1 Karlsruhe-Pforzheim.
Anmerkung Direkt bei der Schwanner Warte befindet sich ein Segelflugplatz. An Wochenenden bietet sich meist Gelegenheit, den Flugbetrieb aus nächster Nähe zu beobachten. Auch Einkehrmöglichkeiten sind in der Umgebung zahlreich vorhanden.

Tourenbeschreibung Bei der Schwanner Warte (475 m) verläuft der wohl bekannteste Höhenweg der deutschen Mittelgebirge, der Westweg von Pforzheim nach Basel (Wegweiser Pforzheim 15 km, Dobel 8 km). Wir folgen dem Fernwanderweg für etwa 2 Kilometer in Richtung Dobel leicht ansteigend durch den Wald.

(© Ulrich Schnabel)

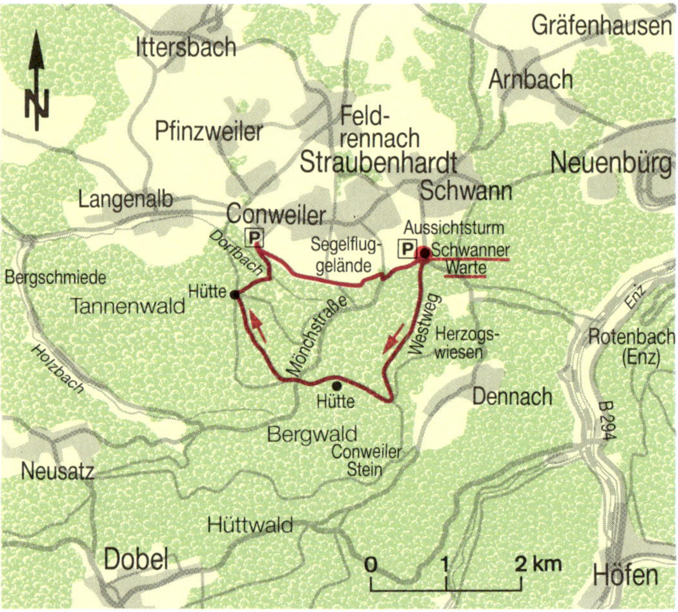

Bei einer freistehenden Buche an einer Wegkreuzung (Sitzbank) verlassen wir den Westweg nach rechts (roter Wegweiser Holzbachtal – Langenbrand). Bald bietet sich eine Abkürzung nach rechts an (Walddistrikt Grundstich, Wegweiser nach Conweiler). Man kann mit dieser Markierung zum Waldrand wandern und über den Panoramaweg direkt zum Ausgangspunkt zurückkehren.

Unser Weiterweg verläuft jedoch geradeaus weiter, quert ein Fahrsträßchen und führt links versetzt weiter. Schon 100 Meter später (Schutzhütte) gabelt sich der Weg. Wir gehen nach rechts (Wegweiser Conweiler und Ebener Weg) und erreichen beim Sportgelände Conweiler den Waldrand. Der restliche Weg ist leicht zu beschreiben. Er ist als Panoramaweg ausgeschildert (blaue Raute) und verdient diesen Namen gewiß, denn entlang des Waldrandes bietet sich ständig eine herrliche Fernsicht über das nördliche Vorfeld des Schwarzwalds in Richtung Karlsruhe.

22 Von Dobel zum Weithäusleplatz und ins Eyachtal

Verkehrsmöglichkeiten Busverbindungen in Richtung Bad Herrenalb und Pforzheim.
Parkmöglichkeiten Beim Wasserturm an der Höhenstraße.
Wegmarkierungen Rote Raute (Westweg) bis Weithäusleplatz, hier Wegweiser zur Eyachmühle an Steinblock. Blaue Raute oder wenig befahrenes Fahrsträßchen von der Eyachmühle nach Dobel.
Tourenlänge 14 Kilometer.
Wanderzeit 3½ Stunden.
Höhenunterschiede Insgesamt etwa 220 Höhenmeter.
Wanderkarte 1:50 000 (SWV) Blatt 1 Karlsruhe-Pforzheim.
Wissenswertes Die Rodungsinsel um den hochgelegenen Luftkurort *Dobel* ist eine der zahlreichen Sonnenkanzeln im Nordschwarzwald, die besonders im Frühjahr oder Herbst oft wochenlang das Nebelmeer der Niederungen überragen und herrliche Wandermöglichkeiten bieten. Das noch recht ursprüngliche Eyachtal war jahrelang durch das Projekt einer geplanten Talsperre bedroht. Prominentester Waldläufer des Jahres 1991 war hier Bundespräsident Weizsäcker, der während seines Kuraufenthaltes in Wildbad ausgedehnte Wanderungen unternahm.

Dobel (© Bernd Kottal)

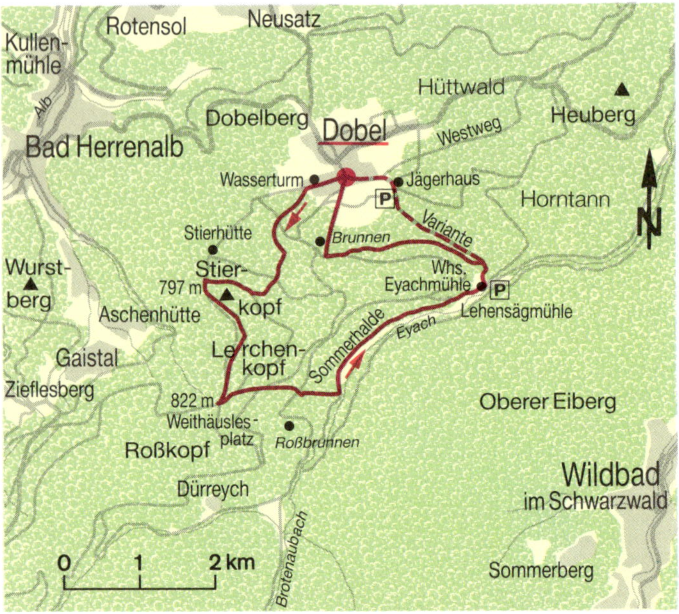

Tourenbeschreibung Die Westwegmarkierung (rote Raute) führt direkt am Wasserturm vorbei, zieht nach links in den Wald hinein und geleitet uns in etwa einer Stunde über schöne Waldwege zum *Weithäusleplatz* (Sitzbänke, schöner Rastplatz). Beim Weithäusleplatz beginnt der Abstieg ins Eyachtal (Markierung auf Steinblock). Der schmale Waldpfad führt nun ständig nach links abwärts, quert einige Holzabfuhrwege und schneidet einen mit blauer Raute bezeichneten Wanderweg. Bei einem Wassertümpel betreten wir den Fahrweg auf dem Talgrund. Dieser bequeme Weg bringt uns nach links (talabwärts) in einer halben Stunde zur *Eyachmühle* (Einkehrmöglichkeit).

Dicht neben den Gebäuden der Eyachmühle entdecken wir wieder die blaue Raute, die den Anstieg nach Dobel markiert. Bei schlechten Wetterbedingungen ist ein Ausweichen auf das rechts verlaufende Fahrsträßchen zu empfehlen, das wenig befahren wird und ebenfalls nach Dobel hinaufführt.

23 Von Bad Herrenalb-Bernbach über den Bernsteinfelsen zum Mahlberg

Verkehrsmöglichkeiten Busverbindungen in Richtung Bad Herrenalb und Ettlingen – Karlsruhe.
Parkmöglichkeiten Bernsteinstraße, beginnend bei der Kirche.
Wegmarkierungen Blauer Balken und örtliche Markierung »41« bis Bernsteinfelsen, blaue Raute zum Mahlberg, nach Beschreibung über Moosbronn zum Ausgangspunkt.
Tourenlänge 16 Kilometer.
Wanderzeit 4 Stunden.
Höhenunterschiede Insgesamt etwa 390 Höhenmeter, kräftiger Anstieg zu Beginn der Rundwanderung bis Bernsteinfelsen.
Wanderkarte 1:50 000 (SWV) Blatt 1 Pforzheim-Karlsruhe.
Anmerkung Die lohnende Rundwanderung verläuft abseits der großen Touristenziele und bietet schöne Rast- und Aussichtspunkte. Der Bernsteinfelsen ist der einzige Punkt im Nordschwarzwald, den ein »Gipfelkreuz« ziert.

Eyachtal (© Ulrich Schnabel)

Tourenbeschreibung Die Bernsteinstraße führt zum nahen Waldrand, wo unser Wanderweg anzusteigen beginnt. Bald verläßt der Wanderpfad den Fahrweg (Tafel Bernstein-Fußweg) und wird allmählich steiler. Auf der Anhöhe öffnet sich eine weite Rundsicht über das nördliche Schwarzwaldvorland. Unser Weg zieht in gleichbleibender Höhe weiter und knickt schließlich rechtwinklig rechts ab (Wegweiser Am Müllersweg, zum Aussichtspunkt 0,6 km). Entlang der alten Landesgrenze zwischen Baden und Württemberg, angezeigt durch uralte Grenzsteine, erreichen wir den *Bernsteinfelsen* (639 m). Eine Bank auf dem Felsen bietet sich als herrliches Rastplätzchen an, im Nordwesten zeigt sich der weiße Turm auf dem Mahlberg. Ein anfänglich etwas steiler Abstieg (blaue Raute) passiert bald den links unseres Weges liegenden Karl-Schwarz-Brunnen, führt an der Tannenwaldhütte vorbei und folgt wieder den alten Grenzsteinen.

Bei einem Muttergottesbild aus dem Jahre 1826 beginnt der kurze und aussichtsreiche Anstieg zum *Mahlberg* mit seinem Aussichtsturm. Genau 160 Stufen führen auf diese im äußersten Nordwesten des Schwarzwaldes gelegene Warte hinauf.

Unser Abstieg vom Mahlberg folgt zunächst der Beschilderung in Richtung Völkersbach bis zum kleinen Friedhof am Fuße des

Mahlbergs. Auf der alten und kaum befahrenen Fahrstraße wandern wir zum vor uns liegenden *Moosbronn* hinab. Im kleinen Weiler wenden wir uns nach links und kommen nahe des Ortsausgangs in Richtung Ettlingen zum Naturfreundehaus. Der Weiterweg führt ganz kurz durch den Wald und folgt dann links haltend dem Waldrand mit seinen schönen Beständen an uralten Buchen und Eichen. Bald tauchen zur Rechten die Häuser von Bernbach auf. Wir folgen aber geradeaus unserem Feldweg durch eine flache Wiesenmulde bis zur Wegkreuzung. Hier wenden wir uns nach rechts und an einem Kinderspielplatz vorbei wird die Ortsmitte erreicht.

24 Von Bad Herrenalb zur Teufelsmühle und zur Plotzsägmühle

Verkehrsmöglichkeiten Bahnverbindungen nach Ettlingen und Karlsruhe (Albtalbahn), Busverbindungen in Richtung Pforzheim, Wildbad, Freudenstadt, Gernsbach und Baden-Baden.
Parkmöglichkeiten Beim Friedhof in Bad Herrenalb. Zufahrt ab Ortsmitte in Richtung Dobel, Wegweiser Gaistal, beschildert rechts ab.
Wegmarkierungen Blaue Raute über Teufelsmühle bis Einmündung in den Westweg beim Langmartskopf. Rote Raute in Richtung Dobel bis Hahnenfalzhütte. Blaue Raute und örtliche Markierung »11« bis kurz vor Zieflesberg, nach Beschreibung zur Plotzsägmühle, auf dem Albtalweg zum Ausgangspunkt.
Tourenlänge 18 Kilometer. **Wanderzeit** 5 Stunden.
Höhenunterschiede Insgesamt etwa 680 Höhenmeter, teilweise steiler Anstieg auf der ersten Hälfte der Rundwanderung zwischen Bad Herrenalb (365 m) und Teufelsmühle (900 m).
Wanderkarte 1:50 000 Blatt 1 Karlsruhe-Pforzheim.
Wissenswertes *Teufelsmühle* siehe Tour 27. – *Bad Herrenalb* liegt im Schnittpunkt von 7 Tälern. Vom Kloster aus dem Jahre 1420 blieb nur die Vorhalle der Kirche, das »Paradies« erhalten. Im Jahre 1964 wurde in 600 Metern Tiefe Mineralwasser erbohrt. Heute zählt Bad Herrenalb zu den führenden Badeorten des Nordschwarzwaldes.

Tourenbeschreibung Oberhalb des Friedhofs von Bad Herrenalb zieht der Albtalweg talauswärts. Nach 20 Gehminuten auf dem gepflegten Spazierweg queren wir mit der blauen Raute den flachen Talgrund der jungen Alb. Nun geht es steil bergan, bis bei

Landschaft bei **Bad Herrenalb** (© Ulrich Schnabel)

der *Rißwasenhütte* ein freier Platz erreicht wird. Ein Schlagbaum markiert hier den Anfang der einzigen mautpflichtigen Landesstraße, die zum Höhengasthaus Teufelsmühle hinaufführt. Wir folgen weiter der blauen Raute, die zunächst ohne Anstieg in Richtung Loffenau führt. Dann geht es steil hinauf zum *Großen Loch*, einem steilen Felsenabbruch mit interessanter Höhlenbildung. Wenig später ist die Höhe erreicht. Wir wandern über den Parkplatz, der das Ende der Mautstraße bildet und erreichen die *Gaststätte Teufelsmühle* und den Aussichtsturm, der den »Höhepunkt« dieser Rundwanderung bietet.

Bei der Gaststätte weist eine Informationstafel des Schwarzwaldvereins den Weiterweg. Wir folgen dem Zugangsweg zum Westweg (blaue Raute). Nach etwa zwei Kilometern zweigen die Wege nach Dürreych-Wildbad und nach Hohloh-Kaltenbronn von unserem Gratweg ab. Wir folgen jedoch weiter dem steinigen Pfad geradeaus (Wegweiser nach Dobel) und stoßen schließlich beim Langmartskopf (944 m) auf den Höhenweg Pforzheim – Basel, den berühmten Westweg. Bis zur *Hahnenfalzhütte* folgen wir nun der roten Raute nach Nordosten in Richtung Dobel. Bei der Hütte übernimmt dann die blaue Raute (zusätzlich örtliche Markierung »11«) die Führung. Auf dem Brudesweg geht es stellenweise steil und steinig abwärts.

Nach genau 2,6 Kilometern seit Hahnenfalzhütte stoßen wir auf ein Asphaltsträßchen. Hier weist zwar der Wegweiser in Richtung Bad Herrenalb nach rechts, wir folgen aber dem Fahrsträßchen

Jahrhundertealte, idyllisch gelegene **Plotzsägmühle** (© Ulrich Schnabel)

Bad Herrenalb, Klosteranlage (© Ulrich Schnabel)

für nur etwa 100 Meter nach links, wo genau in Höhe des Durchfahrtsverbotes ein unbezeichneter Waldpfad nach rechts hinabführt. Fünf Minuten später ist der abgelegene Weiler *Zieflesberg* erreicht. Örtliche Wegweiser führen an der *Spechtschmiede* (Gaststätte) vorbei hinab zur jahrhundertealten, idyllisch gelegenen *Plotzsägmühle* im nahen Talgrund der Alb.

Wenige Schritte oberhalb der Plotzsägmühle, direkt bei einigen Holzhütten, folgen wir dem gut bezeichneten Albtalweg, der talabwärts führt. Nach zwei Kilometern Wanderstrecke bietet sich noch ein schönes Rastplätzchen an (Schutzhütte, Brunnen). Gleich darauf münden wir in den Herweg ein und kommen zum Parkplatz zurück.

25 Auf dem Graf-Rhena-Weg von Bad Herrenalb nach Ettlingen

Verkehrsmöglichkeiten Gute Verbindung durch die Albtalbahn zwischen Ziel- und Ausgangspunkt.
Parkmöglichkeiten Beim Thermalbad ist die Parkzeit auf 4 Stunden begrenzt. Günstiger am Ortsausgang in Richtung Bernbach, nahe der Albtal-Haltestelle Kullenmühle.
Wegmarkierungen Blauer Punkt.
Tourenlänge 21 Kilometer.
Wanderzeit 4½ Stunden.
Höhenunterschiede Kein nennenswerter Anstieg, leichter Abstieg zwischen Bad Herrenalb (365 m) und Ettlingen (138 m).
Wanderkarte 1:50 000 (SWV) Blatt 1 Karlsruhe-Pforzheim.
Wissenswertes Das *Kloster Frauenalb* wurde im Jahre 1193 erstmals erwähnt und erlebte eine wechselhafte Geschichte, in deren Verlauf die Gebäude auch als Fabrik, Lazarett und Brauerei genutzt wurden. Aber noch immer erinnert die im Jahre 1853 abgebrannte Klosterkirche eindrucksvoll an die ehemalige Bedeutung.

Das Fahrzeugmuseum Reichert in *Marxzell* ist ein besonderer Anziehungspunkt im Albtal. Hier präsentieren sich alle Epochen der Motorisierung mit interessanten Fahrzeugen. Daneben birgt das Museum ein herrliches Sammelsurium von Dingen aus Urgroßmutters Zeiten, ein Besuch mit Kindern ist auch deshalb sehr zu empfehlen. Öffnungszeiten: täglich von 14 bis 17 Uhr.
Anmerkung Die Wanderung kann an jedem Bahnhof zwischen Bad Herrenalb und Ettlingen abgebrochen werden, so daß für einen Besuch des Thermalbades und des Fahrzeugmuseums reichlich Zeit übrig bleibt. Der Fahrplan hängt am Startpunkt aus.

Ettlingen
Alb
Wattkopf
Palmbach
Busenbach
Waldbronn
Bf. Albgaubad
Wilhelmshöhe
Ettlingen-
weiler
Graf Rhena-Weg
Bf. Busenbach
Reichenbach
Alb
Kochmühle
Karlsbad
Oberweier
Spessart
Etzenrot
Neurod
Langen-
steinbach
Hohberg
Schöllbronn
Wunderbuche
Schluttenbach
Spielberg
Großer
Wald
Talberg
Wanderheim
Fischweiher
Bahnhof
Moosalb
Brück-
berg
Moosalbberg
Gertrudenhof
Burbach
Graf Rhena-Weg
Völkersbach
Marxzell
Ittersbach
Marxzell
Bahnhof
Pfaffenrot
Kloster-
wald
Maisenbach
Schielberg
Bismarckstein
Mittelberg
Metzlinschwander
Hof
Glas-
berg
Langenalb
Moosbronn
Kloster-
ruine
Frauenalb
P
Tannenwald
Althof
Bernbach
Hartkopf
Alb
Steinhäusle
Sägberg
Neusatz
Rotensol
Kullenmühle
Bahnhof
Pfahlwald
Thermalbad
Bleiche
0
1
2 km
Dobel
Bad Herrenalb

Tourenbeschreibung Der Weg ist sehr einfach zu beschreiben und ebenso leicht zu finden, denn er bleibt immer auf der linken Seite der Alb und folgt dem Talgrund. Am Ortsausgang in Richtung Bernbach quert der Weg die Fahrstraße, ab hier ist der blaue Punkt unser zuverlässiger Begleiter. Wir erreichen die *Klosterruine Frauenalb* und finden die Fortsetzung oberhalb der Kirchenruine beim ehemaligen Nachtwächterhaus.

In *Marxzell* sind es nur wenige Schritte bis zum Fahrzeugmuseum, und in Höhe des Bahnhofs Fischweiher (dort Wegweiser Ettlingen 12 km, Bad Herrenalb 9 km) queren wir beim Sägewerk die Fahrstraße in Richtung Schöllbronn und weiter talabwärts finden sich immer wieder schöne Rastplätzchen am Ufer des klaren Flüßchens. In *Neurod* und *Busenbach* bieten die kleinen Bahnhöfchen wieder Rückfahrgelegenheit an, der Weg zieht jedoch weiter talabwärts und erreicht am Stadtrand von *Ettlingen* den Bahnhof Albgaubad.

Bad Herrenalb, beim Kurhaus (© Bernd Kottal)

26 Von Loffenau zur Teufelsmühle

Verkehrsmöglichkeiten Busverbindung ab Loffenau in Richtung Bad Herrenalb und Gernsbach. Die Teufelsmühle ist auch über eine Stichstraße ab Fahrstraße Bad Herrenalb – Loffenau gegen Bezahlung einer Maut erreichbar.
Parkmöglichkeiten Bei der Kirche und beim Haus des Gastes an der Lautenbacher Straße.
Wegmarkierungen Blaue Raute über Teufelsmühle bis Hardtberghütte, örtliche Rundwegmarkierung »10« bis zum Talgrund des Igelsbachs, örtliche Wegweiser talaufwärts nach Loffenau.
Tourenlänge 14 Kilometer.
Wanderzeit 4 Stunden.
Höhenunterschiede Insgesamt etwa 700 Höhenmeter, kräftiger Anstieg auf teils sehr steilem Pfad zwischen Loffenau (319 m) und Teufelsmühle (900 m).
Wanderkarte 1:50 000 (SWV) Blatt 1 Pforzheim-Karlsruhe.
Einkehrmöglichkeit Teufelsmühle.
Wissenswertes *Teufelsmühle* siehe Tour 27.

Anmerkung Während des steilen Abstiegs zwischen Teufelsmühle und Aussichtspunkt Scheuern bieten sich mehrere bezeichnete und kürzere Abstiegswege nach Loffenau an.

Tourenbeschreibung Gegenüber von Rathaus und Kirche zeigt eine Tafel am Hotel Sonne den Anstieg zur Teufelsmühle an (blaue Raute, 7 km). Durch die Schulgasse und aufwärts durch ein Wohngebiet erreichen wir nach 15 Minuten beim Hotel Tannenhof den Waldrand. Anfänglich als Betonweg, später als Schotterweg und schließlich als schmaler Fußpfad steigt unsere Wanderstrecke stetig an. Weiterhin der blauen Raute folgend ersteigen wir das *Große Loch*, einen steilen Felsenabbruch mit interessanter Höhlenbildung. Der weitere Anstieg zur Teufelsmühle führt über eine große Kahlfläche; hier haben die Orkane »Wiebke« (1990) und »Lothar« (1999) ganze Arbeit geleistet. Der Aussichtsturm *Teufelsmühle* (Turmkrone 900 m) bietet dann eine reichliche Belohnung für die Mühen des Aufstiegs durch eine herrliche Rundsicht. Direkt beim Turm beginnt unser teilweise recht steiler Abstieg in Richtung Gernsbach (blaue Raute). Oberhalb von Lautenbach verläßt der Wanderweg den Wald (Parkplatz Illert), folgt weiter der Bezeichnung in Richtung Gernsbach und führt an der Hardtberghütte (320 m) vorbei zum *Aussichtspunkt Scheuern*. Wir gehen die wenigen Schritte zur Hütte zurück und steigen mit der Wegmarkierung »10« über die Käferplatte (294 m) zum Talgrund des Igelsbachs hinab, wo bei einer Sitzbank das letzte Wegstück unserer Rundwanderung (3 km nach Loffenau) angezeigt ist. Dem klaren Bächlein talaufwärts folgend wandern wir zum Ausgangspunkt zurück.

27 Ein kleiner Rundweg ab Teufelsmühle bei Bad Herrenalb

Verkehrsmöglichkeiten Keine Anfahrt mit öffentlichen Verkehrsmitteln. Beschilderte Zufahrt ab Fahrstraße Bad Herrenalb – Loffenau. Wanderparkplatz 3 Kilometer unterhalb der Teufelsmühle. Ab hier führt die wohl einzige Mautstraße des Schwarzwaldes zur Teufelsmühle hinauf.
Parkmöglichkeiten Siehe oben.
Wegmarkierungen Blaue Raute bis Langmartskopf, rote Raute (Westweg) bis Absetze, blaue Raute bis Teufelsmühle.
Tourenlänge 7 Kilometer. **Wanderzeit** 2 Stunden.
Höhenunterschiede Insgesamt etwa 80 Höhenmeter.

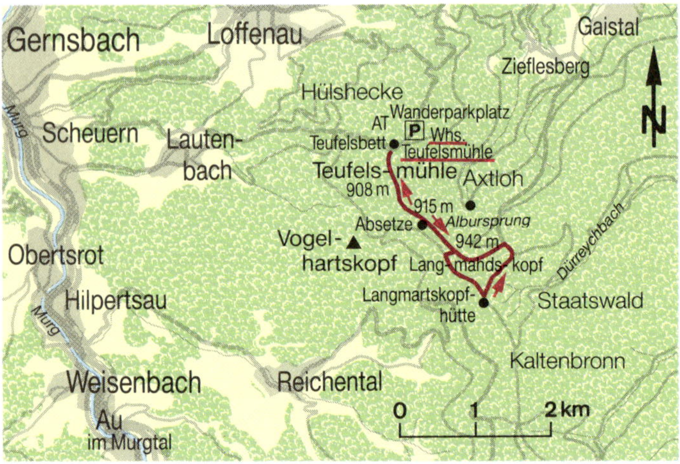

Wanderkarte 1:50 000 (SWV) Blatt 1 Karlsruhe-Pforzheim.

Wissenswertes Mächtige Buntsandsteinblöcke sind alles, was von der sagenhaften Mühle des Teufels noch übriggeblieben ist. Sehenswert ist das Teufelsloch nahe der Teufelsmühle, eine interessante Höhlenbildung mit zwei Stützsäulen. Hier, nahe der alten Grenze zwischen Württemberg und Baden, sollen früher Wilderer und Schmuggler Unterschlupf gesucht haben. Besseren Unterschlupf bietet die Gaststätte Teufelsmühle. Auf der Krone des Aussichtsturms in genau 900,80 Meter Höhe beschreiben eine Informationstafel und ein schwelgerisches Gedicht aus dem Jahre 1910 die vom Straßburger Münster bis zum Speyrer Dom umfassende Rundsicht.

Anmerkung Die empfohlene kurze Rundwanderung ist eine Einladung an alle Wanderfreunde, die sich keine längeren Anstiege zumuten können. Der Pfad bietet allerdings alle Variationen, die ein Wanderweg zu bieten hat, nämlich steinige, moorige und teppichweiche Abschnitte. Gutes Schuhwerk ist also auch hier unverzichtbar.

Tourenbeschreibung Direkt beim Aussichtsturm, wo der bezeichnete Abstieg nach Gernsbach beginnt, hat auch der Zugangsweg zum Westweg (blaue Raute in Richtung Hohloh) seinen Anfang. Der abwechslungsreiche schmale Pfad führt über Felsblöcke und über moorigen Grund. Nach drei Kilometern stoßen wir am Langmartskopf (944 m) auf den berühmtesten Fernwanderweg durch den Schwarzwald, den Westweg Pforzheim – Basel. Wir folgen ihm nach rechts bis zur *Langmartskopfhütte*.

Wenige Meter hinter der Hütte bei der *Absetze* (915 m) zweigt wieder ein bezeichneter Abstieg nach Gernsbach im Murgtal ab. Wir folgen jedoch wieder der blauen Raute und münden wenig später in unseren Herweg ein, auf dem wir zur *Teufelsmühle* zurückkehren.

28 Rundwanderung um den Merkur bei Baden-Baden

Verkehrsmöglichkeiten Stadtbusverbindungen zur Talstation der Merkur-Bahn, gute innerstädtische Beschilderung für die Anfahrt zum Merkur.
Parkmöglichkeiten Großer Parkplatz bei der Talstation.
Wegmarkierungen Gute örtliche Beschilderung aller Wege.
Tourenlänge 11 Kilometer.
Wanderzeit 3 Stunden.
Höhenunterschiede Keine nennenswerte Steigung, Bergbahn siehe unter Wissenswertes.
Wanderkarte 1:50 000 Blatt 2 Baden-Baden-Hornisgrinde.
Wissenswertes Die *Merkur-Bahn* wurde im Jahre 1979 wieder eröffnet, überwindet auf 1192 Metern Länge einen Höhenunter-

Baden-Baden, Blick zur Stadt vom Kurpark aus (© Bernd Kottal)

schied von 370 Meter und schafft Steigungen bis zu 54%. Der Turm erhielt im Jahre 1983 einen Aufzug und bietet eine umfassende Rundsicht (Panoramatafel).

Anmerkung Ein Ausflug zum Merkur, dem Wahrzeichen der Stadt Baden-Baden, ist ein lohnendes Ziel für Wanderfreunde, die keine längeren Anstiege bewältigen können (Liegestühle, Einkehrmöglichkeiten, Turmaufzug, lohnende Rundwege ab Talstation zum weitläufigen Wildgehege über 3,8 km auf ebenen Wegen).

Tourenbeschreibung Bei der Gaststätte an der Bergstation der Merkur-Bahn beginnt der gut markierte Abstieg. Bei der ersten Gabelung wählen wir den linken Weg und steigen hinab zum *Binsenwasen* (520 m). Ab Binsenwasen bieten sich zwei Wege an, die später wieder zusammenlaufen und beide gut markiert sind (Hangweg und Reitweg). Kurz vor Erreichen der Fahrstraße in Richtung Gernsbach am *Müllenbild* münden wir in unseren Rückweg ein (Wegweiser an Steinblock, zur Talstation 5,1 km).

Der feingeschotterte Weg führt steigungsfrei durch den Wald, passiert einen Brunnen und eine Schutzhütte und führt zum Wildgehege, das sich über eine Fläche von 15 Hektar ausdehnt. Ein ausgeschilderter Rundweg führt zu den einzelnen Freigehegen. Das letzte Wegstück des bequemen Spazierweges mündet direkt bei der Talstation aus.

29 Rundweg über die Battert-Felsen bei Baden-Baden

Verkehrsmöglichkeiten Zahlreiche Bahn- und Busverbindungen nach Baden-Baden, Stadtbuslinie nach Ebersteinburg.
Parkmöglichkeiten Waldparkplatz Battert bei Ebersteinburg.
Wegmarkierungen Örtliche Wegweiser.
Tourenlänge 6 Kilometer. **Wanderzeit** 1½–2 Stunden.
Höhenunterschiede Insgesamt etwa 220 Höhenmeter.
Wanderkarte 1:50 000 Blatt 2 Baden-Baden-Hornisgrinde.
Wissenswertes Die *Battert-Felsen* über Baden-Baden sind ein Gneis-Granit-Porphyr-Konglomerat und bilden mit ihren senkrechten Abbrüchen ein beliebtes Trainingsgebiet für Kletterer. Vom Oberen Felsenweg bietet sich eine schöne Aussicht über Baden-Baden. – Die *Burg Hohenbaden*, auch Altes Schloß genannt, war bis 1479 Residenz des Markgrafen Christoph und wurde im Jahre 1600 zerstört. Ab Baden-Baden besteht eine Pkw-Zufahrt (Gaststätte). Ein lohnender Abstecher führt zur Ruine Alt-Eberstein. Vom mächtigen Bergfried aus gewinnt man eine herrliche Rundsicht.

Tourenbeschreibung Am oberen Ende des Waldparkplatzes Battert findet sich der Wegweiser zu den Battertfelsen, und schon nach 400 Metern ist die *Untere Batterthütte* erreicht. Nun folgt der gut markierte Anstieg *Zu den Felsen*. Der Obere Felsenweg führt entlang der steilen Abbrüche und bietet immer wieder eine

großartige Aussicht. Besonders eindrucksvoll ist der gut gesicherte Abstecher über die *Felsenbrücke* in schwindelnder Höhe. Der Obere Felsenweg endet an der *Ritterplatte*, einer herrlichen Aussichtswarte hoch über Baden-Baden. Ein kurzer Abstieg führt hinab zur Burgruine *Altes Schloß*. Am Burgausgang wenden wir uns nach links, wo der Untere Felsenweg beginnt. Er führt am Fuße der Kletterfelsen zum Ausgangspunkt zurück. Eine kleine Variante bietet der beschilderte Einsiedlerpfad, der vom Unteren Felsenweg links abzweigt und noch einmal zur Felsenkrone hinaufzieht. Der sehr steile Abstecher verlangt Trittsicherheit und zeigt besonders eindrucksvolle Felsszenerien.

Baden-Baden, Wandelhalle (© Bernd Kottal)

30 Von Baden-Baden zu den Schlössern und über die Battert-Felsen

Verkehrsmöglichkeiten Gute Bahn- und Busverbindungen nach allen Richtungen.
Parkmöglichkeiten Kaum uneingeschränktes Parken in der Nähe des Marktplatzes, Parkhäuser in der Innenstadt.
Wegmarkierungen Sehr gute örtliche Wegmarkierungen siehe Wegbeschreibung.
Tourenlänge 13 Kilometer. **Wanderzeit** 3½ Stunden.
Höhenunterschiede Insgesamt etwa 700 Höhenmeter, Anstiege zwischen Baden-Baden (181 m) und Battert-Felsen (563 m) und

zwischen Hotel Wolfsschlucht (370 m) und Merkur (669 m). Abstieg auf gut ausgebauten Wegen nach Baden-Baden.
Wanderkarte 1:50 000 Blatt 2 Baden-Baden-Hornisgrinde.
Wissenswertes Baden-Baden war im 19. Jahrhundert die »Sommerhauptstadt Europas« und ist auch heute wieder Treffpunkt der eleganten Welt beim Spiel im Casino, in den Bädern oder bei der Iffezheimer Rennwoche. Das Neue Schloß wurde nach der Brandschatzung im Jahre 1689 notdürftig aufgebaut und im 19. Jahrhundert stilecht erneuert. Der Baden-Badener Hausberg Merkur ist mit der Bergbahn erreichbar, siehe Tour 28.

Tourenbeschreibung Von der Fußgängerzone und vom Marktplatz aus zeigen zahlreiche Wegweiser den Anstieg zum Neuen Schloß. Über Treppen steigen wir hinauf zur Aussichtsplattform vor dem Schloß. Hier bietet sich ein schöner Blick auf das »Weltbad an der Oos«. Auf der in Anstiegsrichtung linken Seite des Schlosses, 100 Meter nach der *Bushaltestelle Neues Schloß*, biegt nach links ein Fußweg ab, der fast parallel zur Fahrstraße bergan zieht. Nach 500 Metern zeigt ein zurückversetzt stehender Steinblock links des Weges die Wanderrichtung zum Alten Schloß an.

Nach einer Stunde ist die hochgelegene Burgruine erreicht. An der Burggaststätte vorbei steigen wir durch die Ruine bergan und folgen dem breiten Wanderweg hinauf zur *Ritterplatte*. Hier führt der Weiterweg mit der Bezeichnung »Auf die Felsen« nach halblinks weiter, und wenige Minuten später ist der Obere Felsenweg über den Battertfelsen erreicht. Sehr lohnend ist der Ausblick von der Felsenbrücke (beschilderter Zugang). Über den Kamm der

Battertfelsen steigen wir schließlich hinab zur Hütte am Unteren Felsenweg und folgen der örtlichen Wegmarkierung über die Engels- und Teufelskanzel zum Baden-Badener Stadtteil *Ebersteinburg* (lohnender Abstecher zur Ruine-Alt-Eberstein, innerörtliche Wegweiser). Entlang der Straße nach rechts ist bald der Sattel zwischen Baden-Baden und Gernsbach erreicht. Beim Hotel Wolfsschlucht queren wir die Straße, wandern zum Hotel Merkurwald hinüber und weiter zum nahen Waldrand. Hier treffen wir auf zahlreiche Wegmarkierungen, die mehrere Anstiegsmöglichkeiten zum Gipfel des Merkur anbieten. Über den Merkurweg ist dieses Ziel in einer Stunde seit Ebersteinburg zu schaffen. Als Abstieg empfiehlt sich der mit einem blauen Punkt beschilderte Pfad zum *Binsenwasen* (520 m, Rastplatz, Schutzhütte). Der Rückweg nach Baden-Baden (3,5 km ab Binsenwasen) folgt auf bequemen, gut ausgebauten Waldwegen.

31 Von Langenbrand im Murgtal zu den Latschigfelsen und zum Murgtal-Wanderweg

Verkehrsmöglichkeiten Bus- und Bahnverbindungen in Richtung Baiersbronn – Freudenstadt und Gernsbach – Rastatt.
Parkmöglichkeiten Wanderparkplatz am nördlichen Ortsrand (Sägmühlstraße, Bushaltestelle, Festhalle).
Wegmarkierungen Blaue Raute bis Latschigfelsen, rote Raute (Westweg) bis kurz vor Gausbach, Rundwegmarkierung bis Ortsrand, Murgtal-Wanderweg (Symbol Tannen auf weißem Grund) bis Langenbrand.
Tourenlänge 13 Kilometer. **Wanderzeit** 3½ Stunden.
Höhenunterschiede Insgesamt etwa 440 Höhenmeter, sehr kräftiger Anstieg zu Beginn der Rundwanderung zwischen Langenbrand (350 m) und Latschigfelsen (725 m).
Wanderkarte 1:50 000 (SWV) Blatt 3 Bad Wildbad-Freudenstadt.
Anmerkung Die Rundwanderung führt auf dem letzten Wegstück über den Murgtal-Wanderweg, der von der Mündung am Schliffkopf bis zur Mündung in den Rhein auf 95 Kilometern Länge durchgehend markiert ist.

Beim Abstieg zwischen Latschigfelsen und Gausbach bieten sich zwei bezeichnete Abstiege an, die direkt nach Langenbrand zurückführen und die Rundwanderung wesentlich abkürzen.

Tourenbeschreibung Unser Rundweg beginnt beim großen Parkplatz an der Festhalle. Bei einer Tafel mit großem Angebot an Rundwanderungen zeigt die blaue Raute nach rechts. Entlang

einer Schlucht geht es gleich bergan, und nach 20 Minuten ist der *Grundplatz* erreicht (Wanderheim des Schwarzwaldvereins, Brunnen). Nach einer guten Stunde Steigarbeit ohne Aussichtspunkte biegt der Wanderweg bei einem Brunnen (Tafel Quellfassung 1982) scharf rechts ab. Nach weiteren 10 Minuten Anstieg wird der grasige Waldweg endlich flacher und führt zu den aussichtsreichen *Latschigfelsen* (725 m) hinaus. Ein kecker Pavillon sitzt auf den Felsen und lädt zum Rasten ein. Nun folgt der steile Abstieg des Westwegs Pforzheim – Basel durch das Gewirr der Granitfelsen. Unterwegs bieten sich immer wieder schöne Plätzchen zum Schauen und Ausruhen an.

Der Abstieg folgt später einem breiten Holzabfuhrweg, biegt aber bald wieder nach rechts ab (Markierung beachten!) und zieht durch Obstwiesen weiter talabwärts.

Wo der Wanderweg auf das Fahrsträßchen stößt, 200 Meter vor den ersten Häusern, biegt nach rechts ein schmales Wegchen ab, das den Bachlauf quert und den Ortsrand von *Gausbach* berührt. Über die Bergstraße münden wir in den Murgtal-Wanderweg ein, der das letzte Wegstück bildet. Wir folgen dem Abhang hoch über dem Talgrund, steigen noch einige Höhenmeter an, folgen dem tief eingeschnittenen Murgtal und schauen hinab zur engen Talsohle, wo sich Fluß, Bahn und Straße hindurchwinden. Ein sanftes Gefälle führt zum Ausgangspunkt Langenbrand hinab.

32 Von Baiersbronn-Huzenbach im Murgtal zum Huzenbacher See

Verkehrsmöglichkeiten Bahn- und Busverbindungen nach Baiersbronn – Freudenstadt und Rastatt – Karlsruhe (Murgtalstrecke).
Parkmöglichkeiten Bei der Kurverwaltung an der B 462 oder in der Ortsmitte, Abzweig in Höhe des Fußgängerüberweges.
Wegmarkierungen Blaue Raute bis Huzenbacher See, blaue Raute bis kurz nach Waldparkplatz Eckköpfle, örtliche Markierung nach Huzenbach.
Tourenlänge 9 Kilometer. **Wanderzeit** 2½ Stunden.
Höhenunterschiede Insgesamt etwa 300 Höhenmeter, steiler Anstieg zwischen Huzenbach (475 m) und Huzenbacher See (747 m), bequemer Anstieg über Huzenbach – Silberberg.
Wanderkarte 1:50 000 (SWV) Blatt 2 B.-Baden-Hornisgrinde.
Wissenswertes Der Luftkurort *Baiersbronn* im oberen Murgtal ist mit rund 19 000 Hektar Markungsfläche die größte Gemeinde in Baden-Württemberg. Weithin gerühmt wird die hier ansässige mit vielen Sternen verzierte Spitzengastronomie. – Der *Huzenbacher See* ist einer der letzten eiszeitlichen Karseen. Er diente einst den Flößern als Schwellweiher. Die Wanderung ist zur Zeit der Seerosenblüte besonders lohnend.

Huzenbach (© Baiersbronn Touristik)

Anmerkung Wer sich mit einem kürzeren Spaziergang zum See begnügen möchte, kann ab Huzenbach auf einem engen und sehr steilen Sträßchen über Silberberg zum Waldparkplatz Eckköpfle hinauffahren. In einem halbstündigen Anstieg ist ab hier der See zu erreichen.

Tourenbeschreibung Die blaue Raute führt uns ab *Huzenbach* hinaus ins *Seebachtal.* In angenehmer Talwanderung (schöne Rastplätze) steigen wir allmählich an. Bei einer Waldlichtung wendet sich der gut markierte Weg kurz nach links, zieht aber bald wieder nach rechts und führt in kräftigem Anstieg hinauf zum hochgelegenen *Huzenbacher See.* Der kleine See liegt inmitten eines Naturschutzgebietes und ist im Sommer mit Seerosen übersät.

Unser Abstieg beginnt an der Abflußseite des Sees und ist sorgfältig markiert. An einer kleinen Schutzhütte vorbei zieht der schöne Waldweg allmählich hinab zum *Waldparkplatz Eckköpfle.* Wir folgen der blauen Rautenmarkierung noch bis zum Waldrand, wo der Wanderweg nach links abzweigt (Wegweiser nach Schönmünzach). Auf dem Zufahrtssträßchen wandern wir über den Ortsteil *Silberberg* steil hinab nach *Huzenbach.*

33 Von Schönmünzach in das Langenbachtal und zum Schurmsee

Verkehrsmöglichkeiten Bahn- und Busverbindungen nach Baiersbronn – Freudenstadt und Rastatt – Karlsruhe (Murgtalstrecke).
Parkmöglichkeiten Bei der Kirche am Ortsrand im Tal der Schönmünz, Zufahrt über die Schifferstraße.
Wegmarkierungen Blaue Raute mit weißem Balken bis Mittlerer Langenbach, örtliche Markierung (R 49/R 50) bis Zugangsweg zum Schurmsee, blaue Raute mit weißem Balken bis Schönmünzach.
Tourenlänge 20 Kilometer.
Wanderzeit 5 Stunden.
Höhenunterschiede Insgesamt etwa 640 Höhenmeter, angenehmer Anstieg bis Mittlerer Langenbach, steile Zwischenstücke bis Schurmhöhe (954 m), sehr steiler Abstieg zum Schurmsee (793 m).
Wanderkarte 1:50 000 (SWV) Blatt 2 B.-Baden-Hornisgrinde.
Anmerkung Die Wanderung läßt sich leicht verlängern, wenn man bis Hinterer Langenbach weitergeht. In Höhe des Landhauses Züfle findet sich der Hinweis auf den nach 200 Metern abknickenden Zugangsweg zum Schurmsee (10 Kilometer). Der Weg verlängert sich dadurch um eine Wegstunde.

Landschaft im Schwarzwald (© Bernd Kottal)

Tourenbeschreibung Unser Wanderweg führt auf befestigtem Fahrweg in sanfter Steigung der Schönmünz entlang. Dabei bleiben wir vom Fahrverkehr unbehelligt, denn die Fahrstraße verläuft auf der gegenüberliegenden Seite des Tales. In *Zwickgabel* mündet der Langenbach in die Schönmünz. An der Brücke zeigt eine Wandertafel den Weiterweg (Hinterlangenbach 6 km).

Die weiterhin bequeme Talwanderung verläßt den Talgrund beim ersten Gebäude von *Mittlerer Langenbach* (einzelstehendes Haus, Schindeln gelb/braun, Holzlagerplatz). Die örtliche Markierung R 49/R 50 zeigt den Anstieg. Wir queren den ersten quer verlaufenden Weg, steigen weiter an und münden in den Zugangsweg zum Schurmsee ein, dem wir nach rechts folgen. Nach 40 Minuten Weiterweg ist bei einer scharfen Biegung genau auf die Markierung zu achten, die nach links weiterführt. Nach einem zunächst flachen, dann aber wieder kräftig ansteigenden Wegstück besteht bei einer Wegspinne eine direkte Abstiegsmöglichkeit nach Schönmünzach. Wir folgen jedoch weiter der blauen Raute und dem Wegweiser zum Schurmsee (4 km).

Der schöne Höhenweg führt nun weiter durch stille Wälder und erreicht den kurzen aber lohnenden Abstecher zum *Seeblick*. Einige Minuten später verlassen wir den Hauptweg nach rechts, um auf anfänglich meist sumpfigen Wegabschnitten zum *Schurmsee* (796 m) hinabzusteigen. Eine örtliche Wegbezeichnung zeigt den Abstieg über Forsthaus Tauchert nach Schönmünzach. Talabwärts, in Höhe einer Bachbrücke, weist eine Wegtafel in Richtung Sommerberg-Schönmünzach. Wir folgen jedoch weiter dem Bachlauf und münden beim *Forsthaus Tauchert* in das Tal der Schönmünz ein.

34 Von Herrenwies zum Herrenwieser See und auf die Badener Höhe

Verkehrsmöglichkeiten Busverbindungen zur Schwarzwaldhochstraße und ins Murgtal.
Parkmöglichkeiten Bei der Kirche in Herrenwies.
Wegmarkierungen Örtliche Markierung bis zur Einmündung in den Westweg. Rote Raute bis Sand oder örtlich markierte Abkürzungen nach Herrenwies. Ab Sand örtliche Markierung bis Herrenwies.
Tourenlänge 14 km über Sand, mehrere Abkürzungen möglich.
Wanderzeit 4 Stunden.
Höhenunterschiede Etwa 400 Höhenmeter, kräftiger Anstieg zwischen Seebachhof (720 m) und Badener Höhe (1002 m).
Wanderkarte 1:50 000 Blatt 2 Baden-Baden-Hornisgrinde.

Herrenwies (© Ulrich Schnabel)

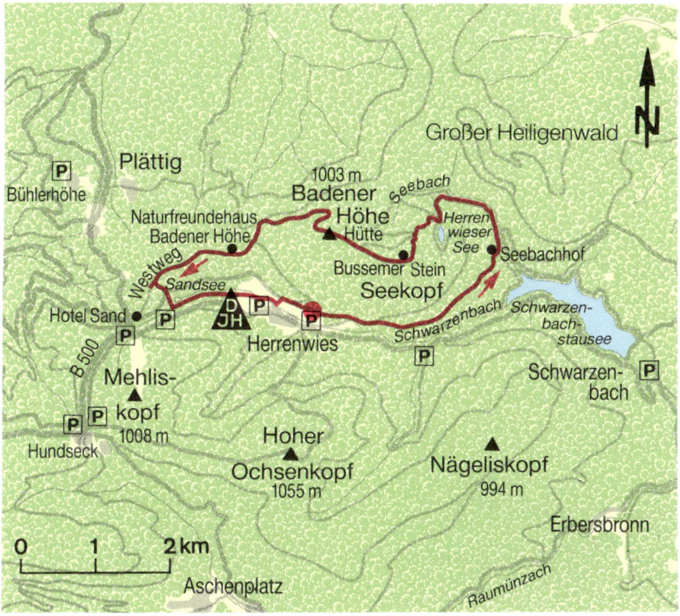

Tourenbeschreibung In *Herrenwies* wandern wir unterhalb der Kirche am Café Waldesruh vorbei und dem Waldrand entlang bis zu einer Wendeplatte. Wir folgen weiter dem Weg in Richtung Seebachhof. Nach etwa 40 Minuten wird eine Weggabelung erreicht (Hütte, Roßkastanien). Hier wenden wir uns nach links, wandern oberhalb am Seebachhof vorbei und erreichen den Talgrund des Seebachs. Hier münden wir in den von Forbach im Murgtal heraufkommenden Westweg ein und folgen ihm nach links talaufwärts. Nach gut 15 Minuten verlassen wir das Tal des klaren Seebachs und den Hauptweg nach links, um steil zum *Herrenwieser See* anzusteigen.

Um den kleinen, ruhig gelegenen See führt ein kurzer Rundweg. Unser Anstieg geht in spitzem Winkel weiter, immer der roten Raute folgend. Bei der 1000-Meter-Grenze erreichen wir den *Bussemer Stein* (Philipp Bussemer, Schöpfer der Schwarzwald-Höhenwege). Nun geht es fast steigungsfrei hinüber zur *Badener Höhe* (1002 m, Schutzhütte, Aussichtsturm). Die Aussicht von diesem Wahrzeichen des Nordschwarzwaldes ist bei entsprechender Witterung wirklich einmalig.

Wir folgen weiter dem Westweg und steigen ab zum *Herrenwieser Sattel* (884 m). Hier weist eine örtliche Markierung nach links und zeigt den kürzesten Rückweg zum Parkplatz in Herrenwies an. Wir können jedoch weiter dem Westweg folgen, der das bewirtschaftete Naturfreundehaus passiert, unterwegs eine weitere markierte Abkürzung (Sandsee) anbietet und beim *Sand* die Schwarzwaldhochstraße erreicht. Hier weist eine örtliche Markierung (etwas zurückversetzt bei den Busgaragen) den direkten Rückweg nach *Herrenwies* an.

35 Vom Schwanenwasen an der Schwarzwaldhochstraße zur Hertahütte und zur Bühlerhöhe

Verkehrsmöglichkeiten Bushaltestelle Schwanenwasen an der Strecke Baden-Baden – Mummelsee (Schwarzwaldhochstraße).
Parkmöglichkeiten Beim Gasthaus Schwanenwasen.
Wegmarkierungen Rundwegmarkierungen 27 und 28 sowie örtliche Wegweiser zur Hertahütte und Bühlerhöhe, blaue Raute bis Schwanenwasen.
Tourenlänge 11 Kilometer.
Wanderzeit 3 Stunden.

Herrenwieser See (© Michael Walke)

Höhenunterschiede Insgesamt etwa 230 Höhenmeter, kurzer Steilanstieg zur Hertahütte.
Wanderkarte 1:50 000 Blatt 2 Baden-Baden-Hornisgrinde.
Wissenswertes Unter den Nobelherbergen der deutschen Gastronomie nimmt die *Bühlerhöhe* an der Schwarzwaldhochstraße eine besondere Stellung ein. Während des 1. Weltkrieges als Erholungsheim für Offiziere erbaut, entwickelte sich das Schloßhotel später zur ersten Adresse. Eine lange, mit Adenauer und Brandt beginnende Liste prominenter Gäste ließe sich aufstellen. Die nahe gelegene Kapelle *Maria Frieden* ist eine beliebte Hochzeitskirche und wird im Volksmund »Adenauerkirche« genannt, weil der Altkanzler zu den Sponsoren gezählt haben soll.

Tourenbeschreibung Beim *Gasthaus Schwanenwasen* beginnt ein breiter Waldweg, der leicht bergab führt und mit der örtlichen Wegmarkierung 26 und 27 bezeichnet ist. Nach zehn Minuten biegen wir nach links ab (Wegweiser Kohlbergwiese 1,5 km). In Höhe des bezeichneten Zugangs zu einem Gedenkstein für einen verunglückten Waldarbeiter (Sitzbank) öffnet sich erstmals ein freier Blick ins Bühlertal. Bald ist die schöne *Waldgaststätte Kohlbergwiese* erreicht (Kinderspielplatz, PKW-Zufahrt ab Schwanenwasen und Bühlertal). Zehn Minuten nach Passieren der Gaststätte biegt der breite Fahrweg scharf nach links ab. Im Rückblick zeigt sich der gewaltige Komplex der Bühlerhöhe. Wir folgen noch kurz dem Hauptweg bergan, bis eine grüne Tafel den Abzweig zur *Hertahütte* anzeigt. Es geht ganz kurz steil hinauf

Bühlerhöhe (© Bernd Kottal)

zum kecken Aussichtspunkt, einem idealen Rastplatz inmitten einer mächtigen Felsszenerie.

Es geht nur wenige Schritte auf gleichem Weg zurück, dann wenden wir uns nach rechts und folgen dem Felsenweg, der schließlich wieder in einen Fahrweg einmündet, der bald darauf die Fahrstraße erreicht. Genau in Höhe der Einfahrt in das Parkgelände der Nobelherberge *Bühlerhöhe* beginnt der Philosophenweg (Wegweiser Schwanenwasen 3 km). Zunächst nahe der Hochstraße, dann in ruhiger Abgeschiedenheit zieht unser Weg durch den Wald. Immer wieder bieten sich schöne Ausblicke, die der Orkan Lothar im Dezember 1999 »geschaffen« hat. Wir passieren die links des Weges fast versteckt liegende Max-Grundig-Bank, die zu Ehren des Förderers der Bühlerhöhe durch die Stadt Bühl gestiftet wurde und kommen direkt am Parkplatz beim Schwanenwasen zum Startpunkt zurück.

Schwarzenbachtalsperre (© Bernd Kottal)

36 Rundweg an der Schwarzenbachtalsperre

Verkehrsmöglichkeiten Busverbindungen in Richtung Murgtal und über die Schwarzwaldhochstraße nach Bühl.
Parkmöglichkeiten Direkt bei der Staumauer.
Wegmarkierungen Blaue Raute mit weißem Balken und örtliche Markierungen bis Wegscheiden. Rote Raute (Westweg) bis Seebachhof. Unmarkiert am Seeufer zurück.
Tourenlänge 8 Kilometer. **Wanderzeit** 2 Stunden.
Höhenunterschiede Insgesamt etwa 100 Höhenmeter.
Wanderkarte 1:50 000 Blatt 2 Baden-Baden – Hornisgrinde.
Wissenswertes Die *Schwarzenbachtalsperre* wurde im Jahre 1926 erbaut und hat eine Höhe von 65 Metern. Mächtige Druckleitungen führen über 350 Höhenmeter zu den Turbinen bei Forbach im Murgtal. Vier Schautafeln am Seeufer informieren über die Geschichte. Das Wasser erscheint aufgrund des ehemaligen Waldbodens recht dunkel, hat aber Trinkwasserqualität.
Anmerkung Die Wanderung läßt sich leicht über Herrenwieser See zur Badener Höhe und zur Schwarzwaldhochstraße ausdehnen. Rückfahrmöglichkeit mit dem Linienbus.

Tourenbeschreibung Nach Überschreiten der Staumauer wenden wir uns nach links und verlassen schon nach 100 Metern das Seeufer (Wegweiser in Richtung Forbach). Oberhalb eines Wohn-

Mummelsee (© Bernd Kottal)

hauses führt ein steiler Stich etwa 50 Meter bergan. Wir folgen der Forststraße nach rechts. Nach 500 Metern biegen wir links ab und steigen zu einer Weggabelung an. Hier wenden wir uns nach links und wandern geradeaus zur *Wegscheide*. Bei der Wegscheide, noch vor Erreichen der Waldhütte, biegen wir links ab und folgen dem Westweg (rote Raute). Der Weg ist zum Seebachhof und zur Bernhardushütte bezeichnet. Leicht abfallend kommen wir zum Seebach, wo der Anstieg zur Badener Höhe über den Herrenwieser See beginnt (siehe Anmerkung). Wir folgen dem Seebach auf seiner linken Seite und erreichen das Seeufer. Ein breiter Fahrweg oberhalb des Uferpfades führt zur Staumauer zurück. Je nach Wasserstand ist es aber reizvoller, direkt dem Uferstreifen zu folgen. Das Baden im Stausee ist nicht ausdrücklich verboten, deshalb ist das Ufer an schönen Sommertagen oft dicht belagert.

37 Vom Schwanenwasen über Hochkopf und Hornisgrinde zum Mummelsee

Verkehrsmöglichkeiten Busverbindung ins Murgtal und ins Bühlertal, Haltestelle Schwanenwasen der Linie Baden-Baden – Mummelsee (siehe Anmerkung).
Parkmöglichkeiten Wanderparkplatz beim Gasthaus Schwanenwasen.
Wegmarkierungen Blaue Raute und örtliche Wegweiser bis Sand, rote Raute (Westweg) bis Mummelsee.
Tourenlänge 20 Kilometer.
Wanderzeit 6 Stunden.
Höhenunterschiede Insgesamt etwa 480 Höhenmeter.
Wanderkarte 1:50 000 Blatt 2 Baden-Baden – Hornisgrinde.
Anmerkung Die Wanderung erschließt ein »Filetstück« des schönsten Fernwanderweges Deutschlands, dem Westweg Pforzheim – Basel und weckt vielleicht den Wunsch, die ganze Strecke kennenzulernen. Der *Wanderführer Schwarzwald Höhenwege 1* ist dafür ein zuverlässiger Begleiter (siehe Hinweis bei Tour 74). Der Busfahrplan für die Rückfahrt sollte vor Antritt der schönen Streckenwanderung studiert werden, da die Busfolge, besonders an Werktagen, recht dünn ist. Die Haltestellen Sand, Hundseck und Unterstmatt bieten jeweils die Gelegenheit, die Wanderstrecke abzukürzen.
Wissenswertes *Hornisgrinde* und *Mummelsee* siehe Tour 43.

Tourenbeschreibung Der erste Wegabschnitt bis Plättig ist identisch mit Tour 35 und führt über die Hertahütte, wo sich eines der schönsten Rastplätzchen im ganzen Nordschwarzwald anbietet.

Am *Hotel Plättig* gehen wir links des Gebäudes bergan (gelbe Raute, links des Weges die Plättig-Kapelle). Bald taucht auch unsere blaue Raute wieder auf, der Weg knickt nach rechts ab und führt durch den Wald hinab zum *Sand*. Hier münden wir wieder in den Westweg ein, der von der Badener Höhe herabkommt. Parallel und in Hörweite zur Hochstraße führt uns der Mannheimer Weg zum *Hundseck*. Der riesige Gebäudekomplex, einst eine Erholungsstätte der Ruhrknappschaft, steht heute leer.

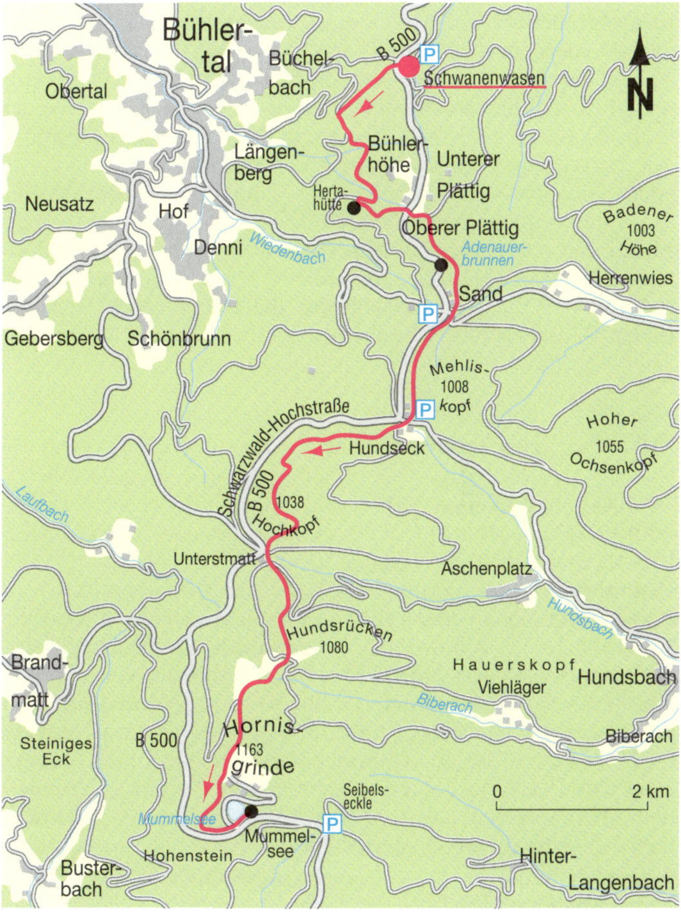

Der Weiterweg zum *Hochkopf* führt unter den Liftanlagen hindurch, dann folgt ein recht kräftiger Anstieg auf 1038 Meter Höhe. Der Orkan »Lothar« hat die großartige Rundsicht vom Hochkopf noch »verbessert«. Wir durchwandern eines der urigsten Teilstücke des Westweges, fernab vom Massentourismus, der Blick geht hinüber zu den ersten Stationen unserer Tagestour, Bühlerhöhe und Hertahütte. Nach Durchqueren der Moorfläche auf dem Hochplateau geht es über Felsplatten hinab nach *Unterstmatt* (926 m), immer mit freiem Blick zum letzten Gipfel unserer Tour, der Hornisgrinde.

Der letzte Anstieg führt zunächst zum *Ochsenstall.* Dabei ist darauf zu achten, daß man dem Wanderweg und nicht dem Fahrweg folgt, der ebenfalls zu diesem Ziel bezeichnet ist. Beim Ski- und Wanderheim Ochsenstall ist dann wieder die gleiche Höhe wie auf dem Hochkopf erreicht. Noch einmal geht es für ein kurzes Stück steil und steinig hinauf, dann ist das Gipfelplateau des höchsten Berges im Nordschwarzwald erreicht (1166 m). Entlang des Plattenweges am Ostabbruch der Hornisgrinde öffnet sich noch einmal das weite Panorama des Wäldermeeres. Der Abstieg ist oft viel begangen und führt direkt zum *Mummelsee*, wo Biergarten und der unvermeidliche »Schwarzwaldshop« die Bedürfnisse unzähliger Tagesgäste befriedigen. Direkt am Hotelgebäude befindet sich die Bushaltestelle für die Rückfahrt in Richtung Baden-Baden bis zum Schwanenwasen.

38 Vom Ruhestein zum Karlsruher Grat

Verkehrsmöglichkeiten Busverbindungen in Richtung Freudenstadt und Baden-Baden (Schwarzwaldhochstraße) sowie in Richtung Baiersbronn und Achern.
Parkmöglichkeiten Große Parkflächen am Ruhestein.
Wegmarkierungen Blaue Raute; zahlreiche örtliche Wegweiser.
Tourenlänge 13 Kilometer. **Wanderzeit** 4 Stunden.
Höhenunterschiede Insgesamt etwa 700 Höhenmeter.
Wanderkarte 1:50 000 Blatt 2 Baden-Baden – Hornisgrinde.
Anmerkung Der Anstieg über den Karlsruher Grat ist zwar nicht gerade ein alpines Unternehmen, aber auch kein Spaziergang. Der Fels ist fest und griffig, aber gutes Schuhwerk, Schwindelfreiheit und Trittsicherheit werden vorausgesetzt. Bei Nässe oder winterlichen Bedingungen kann es gefährlich werden. Fast parallel zum Felsgrat besteht jedoch eine bequeme und gut markierte Anstiegsmöglichkeit auf einem Wanderweg.

Von Mai bis Oktober besteht jeden zweiten Sonntag die Möglichkeit, unter Volldampf und per Holzklasse von Achern nach Ottenhöfen zu fahren. Die elf Kilometer lange Strecke der historischen Eisenbahn bietet ein nostalgisches Vergnügen. Auskunft erteilen die Kurverwaltungen in Achern oder Ottenhöfen.

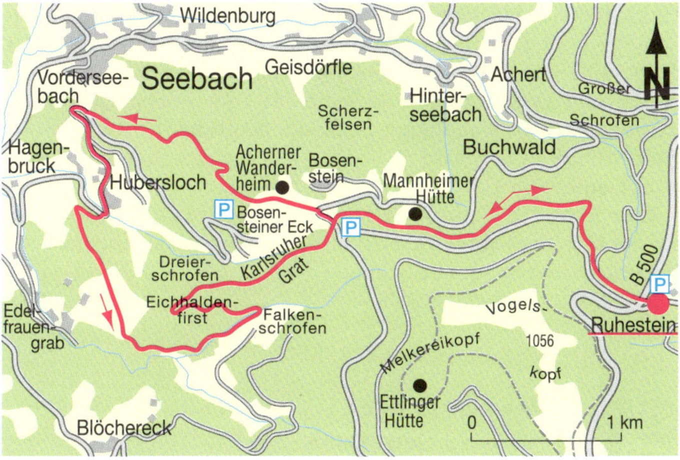

Tourenbeschreibung Der Karl-Ross-Weg zum Bosenstein beginnt am *Ruhestein*, 100 Meter unterhalb des Straßenabzweigs in Richtung Allerheiligen. Ab Bosenstein folgen wir kurz dem Fahrweg durch die Viehweiden. In Höhe des rechts liegenden Wanderheims verlassen wir das Fahrsträßchen und wandern geradeaus durch die Weide zum nahen Waldrand. Wenige Schritte links des Weges taucht die gesicherte Aussichtskanzel *Brennte Schrofen* auf. Tief unter uns liegt Ottenhöfen. Auf anfänglich steinigem, später schönem Waldweg folgen wir dem gut bezeichneten Abstieg zum *Kleineck* (498 m). Hier verlassen wir den Wald, direkt unter uns liegt das Mummelseedorf Seebach. Das folgende Wegstück ist dürftig markiert. Unterhalb der ersten Höfe, in Höhe einer auffallenden Wegschlinge, zeigt links am Waldrand ein verwittertes Täfelchen in Richtung Edelfrauengrab – Bromberg. Der Pfad zieht hinab zum Schotterwerk und durch das Werksgelände zum Gebäude des ehemaligen Hotels Edelfrauengrab. Wenige Gehminuten später beginnt der steile Anstieg zum *Edelfrauengrab*, einer Felsgrotte, von der die Sage berichtet, daß hier die gar nicht edle Edelfrau von Bosenstein bei lebendigem Leibe eingemauert wurde. Es sind genau 180 Treppenstufen, die entlang des eindrucksvollen Wasserfalles nach oben führen. Dann wird der Weg flacher und es bieten sich am Bachlauf mit seinen Gumpen herrliche Spielgelegenheiten für große und kleine Kinder an.

Nach drei Kilometern Anstiegsstrecke, genau in Höhe einer Naturschutztafel, biegen wir scharf nach links ab und folgen mit dem Wegweiser Bosenstein – Karlsruher Grat einem schmalen Hangpfad, der bald ein Geröllfeld quert und zu einem auffallenden Felskopf führt. An der Weggabelung zeigt ein Wegweiser nach links die bequeme Umgehung zum Bosenstein an, nach rechts sind es nur wenige Schritte bis zum »Einstieg« in den *Karlsruher Grat.* Am oberen Ende der Kletterpartie münden wir dann wieder in den Karl-Ross-Weg ein, der uns zum Ausgangspunkt zurückführt.

Eine lohnende Variante des letzten Wegstücks führt ab Bosensteiner Eck um den Melkerei- und Vogelskopf, endet ebenfalls am Ruhestein und ist gut bezeichnet.

39 Vom Mummelsee zur Alexanderschanze

Verkehrsmöglichkeiten Busverbindungen ab Mummelsee in Richtung Baden-Baden, Freudenstadt, Achern, Oppenau und ins Murgtal, siehe jedoch Anmerkung.
Parkmöglichkeiten Wanderparkplatz Mummelsee.
Wegmarkierungen Rote Raute (Westweg).
Tourenlänge 22 Kilometer mit vielen Abkürzungsmöglichkeiten, siehe Anmerkung.
Wanderzeit Bis zu 6 Stunden.
Höhenunterschiede Insgesamt etwa 500 Höhenmeter.
Wanderkarte 1:50 000 Blatt 2 Baden-Baden – Hornisgrinde.
Wissenswertes Der seltsame Name *Zuflucht* erinnert an den Bau einer Schutzhütte für Waldarbeiter anfangs des 19. Jahrhunderts. Das spätere Hotel an gleicher Stelle ist heute eine Jugendherberge. – *Ruhestein* und *Schliffkopf* siehe Tour 71 und 72.
Anmerkung Auch diese Streckenwanderung führt über ein Kernstück des Westweges Pforzheim – Basel. Es besteht eine direkte Busverbindung zwischen Start- und Zielpunkt. Es empfiehlt sich jedoch, genaue Auskunft einzuholen, da die Busfolge recht dünn ist. Die Haltestellen Ruhestein, Schliffkopf und Zuflucht bieten die Möglichkeit zur Abkürzung.

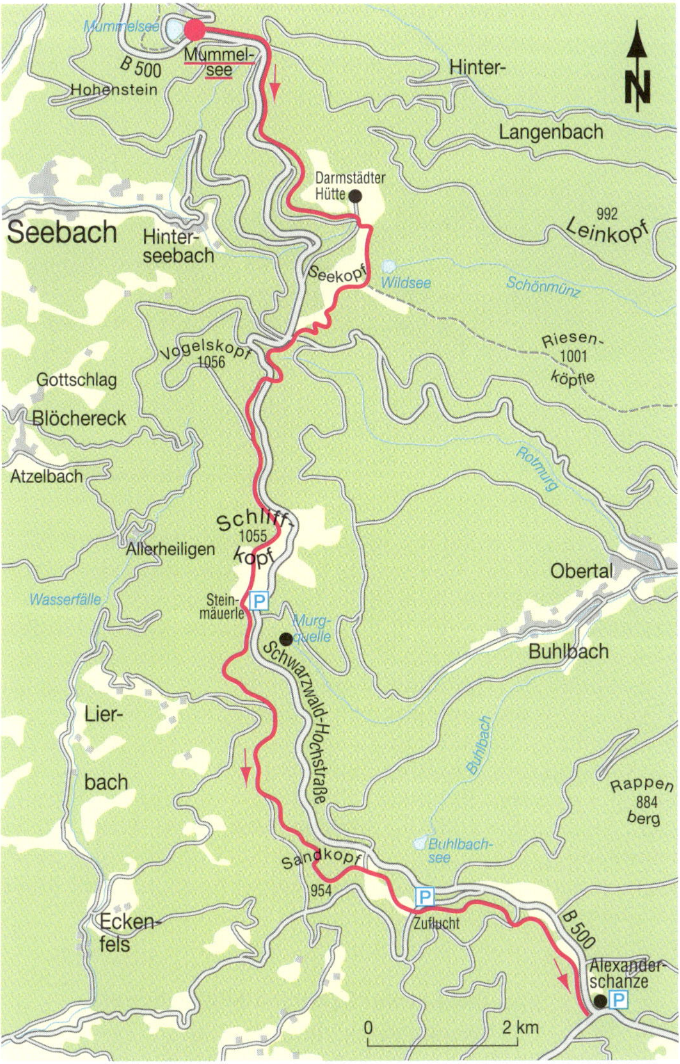

Tourenbeschreibung Der Wanderweg verläuft ab Mummelsee zunächst nahe der Hochstraße (B 500) bis zum *Seibelseckle*. Dann zieht ein schöner Hangweg hinauf zur *Darmstädter Hütte*, die zur Rast einlädt. Der Weg steigt noch einmal an, bald zeigt sich 130 Höhenmeter unter uns der Wildsee, ein eiszeitliches Relikt.

Auf dem Schliffkopf (© Bernd Kottal)

Am *Eutingsgrab* bietet sich wieder ein schöner Rastplatz mit weitem Blick über das Wäldermeer des Nordschwarzwaldes bis zur Schwäbischen Alb an. Bald ist der *Seekopf* erreicht (1035 m). Hier beginnt der Abstieg zum Ruhestein in weitem Bogen über dem Skihang. Bequemer ist das Hinabschweben mit dem Sessellift.

Ab *Ruhestein* (Einkehrmöglichkeit) geht unser Höhenweg am Vogelskopf vorbei und folgt dem Grenzweg zwischen Baden und Württemberg, an die uralte Grenzsteine erinnern. Auf dem flachen »Gipfel« des *Schliffkopfs* (1055 m) erläutert eine Panoramatafel die grandiose Rundsicht. Der Weiterweg passiert den *Parkplatz Steinmäuerle* (1000 m) nahe der Murgquelle. Dann geht es immer knapp unterhalb der 1000-Meter-Grenze über den *Sandkopf* zur *Zuflucht* und schließlich wieder dicht an der Hochstraße zur *Alexanderschanze*.

40 Vom Sand an der Schwarzwaldhochstraße zum Wiedenfelsen und durch die Gertelbachschlucht ins Bühlertal

Verkehrsmöglichkeiten Haltestelle Sand an der Buslinie Baden-Baden – Mummelsee (Schwarzwaldhochstraße), Verbindungen in das Murgtal und nach Bühl (Bahnhof) in das Bühlertal.
Parkmöglichkeiten Wanderparkplatz Sand bei der Kapelle.
Wegmarkierungen Blaue Raute.

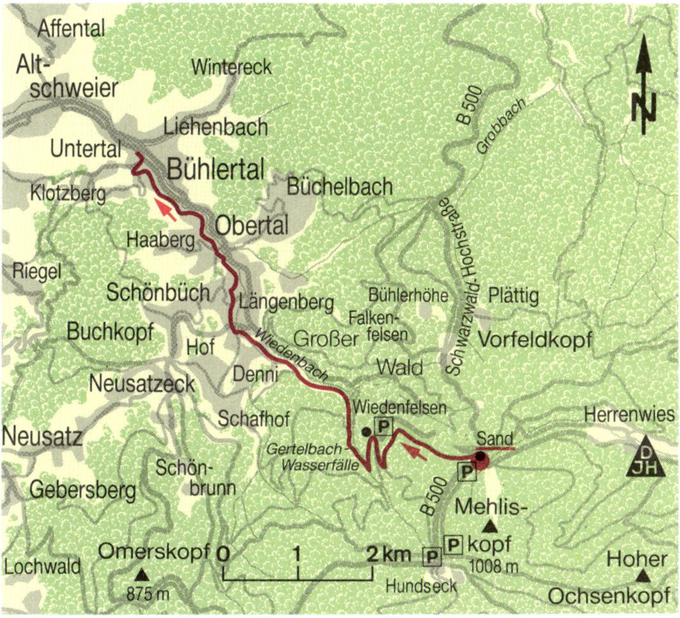

Tourenlänge 10 Kilometer.
Wanderzeit 2½ Stunden.
Höhenunterschiede Insgesamt etwa 400 Höhenmeter in teilweise steilem Abstieg.
Wanderkarte 1:50 000 (SWV) Blatt 2 B.-Baden-Hornisgrinde.
Wissenswertes Das Naturdenkmal Gertelbachschlucht ist ein vielbesuchtes Ausflugsziel. Der Gertelbach überwindet auf einer Strecke von 2½ Kilometern 350 Höhenmeter und hat eine der eindrucksvollsten Schluchten des Schwarzwaldes in die Flanke gegraben. Brücken und Stege sorgen für ein gefahrloses Begehen.
Anmerkung Einige Bergab-Wanderungen dieses Führers (siehe auch Touren 41, 43) führen von den Höhen der Schwarzwaldhochstraße an den Rand der Rheinebene und bieten eine herrliche Aussicht. Sie eignen sich besonders für Wanderer, die sich keine langen Anstiege zutrauen können. Zwischen Ziel- und Ausgangspunkt bestehen jeweils Busverbindungen, die eine bequeme Rückfahrt zum Parkplatz bieten. Manche Strecken werden allerdings nur in größeren Zeitabständen bedient, ein genaues Studium des Fahrplans wird deshalb empfohlen. – Das Hotel Wiedenfelsen ist geschlossen. In den Sommermonaten öffnet am Wochenende der nahegelegene Kiosk.

Gertelbach-Wasserfälle (© Ulrich Schnabel)

Tourenbeschreibung Unser mit der blauen Raute bezeichneter Abstieg beginnt bei der Kapelle am *Sand* (Curt-Steffens-Weg). Bald erreichen wir über den *Streit-Weg* den *Wiedenfelsen* (695 m, schöner Aussichts- und Rastplatz). Direkt beim Felsen führt unser Weiterweg als schmaler Hangpfad nach links und geleitet uns zu den sehenswerten *Gertelbachwasserfällen*, einem gern besuchten Ausflugsziel. Unser weiterer Abstieg folgt nun dem sich weitenden Bühlertal. Die vorbildlichen Wegmarkierungen im Bühlertal führen uns auf aussichtsreichem Pfad weiter, und wir können die Wanderung im *Bühlertal, Untertal* oder *Bühl* beenden, um mit dem Bus zum Ausgangspunkt zurückzukehren.

41 Vom Hundseck an der Schwarzwaldhochstraße über die Burgruine Alt-Windeck nach Bühlertal-Untertal

Verkehrsmöglichkeiten Busverbindungen nach Baden-Baden und Freudenstadt (Schwarzwaldhochstraße), in das Murgtal und in das Bühlertal.
Parkmöglichkeiten Wanderparkplatz Hundseck.
Wegmarkierungen Blaue Raute bis Alt-Windeck, blaue Traube (Ortenauer Weinpfad) bis Bühl.
Tourenlänge 13 Kilometer. **Wanderzeit** 3½ Stunden.

Höhenunterschiede Insgesamt etwa 700 Höhenmeter im Abstieg auf durchweg guten Wegen, keine nennenswerten Zwischenanstiege.
Wanderkarte 1:50 000 (SWV) Blatt 2 B.-Baden-Hornisgrinde.
Anmerkung Siehe Hinweis auf Bergab-Wanderungen Tour 40.

Tourenbeschreibung Beim *Hundseck* an der Schwarzwaldhochstraße entdecken wir einen Wegweiser zum Ferienheim Haus Nickersberg. Wir folgen der blauen Rautenmarkierung (Kappler Weg) und wandern stetig talwärts, bis sich der Wald nach 5 Kilometern in Höhe eines Ponyhofes öffnet und einen weiten Blick über das Bühlertal, die Rheinebene und die Vogesen freigibt. Nach weiteren 2 Kilometern erreichen wir das *Gasthaus Immenstein* (530 m) und folgen nun der Fahrstraße bis zur Kreuzung (Bushaltestelle Alt-Windeck). Wir queren die Straße und finden hier wieder die Wegmarkierung in Richtung Alt-Windeck

Burgruine Alt-Windeck (© Ulrich Schnabel)

Burgruine Alt-Windeck (© Ulrich Schnabel)

(2,5 km). Eine Rast auf der Kaffeeterrasse der Windeck und ein Blick vom wieder zugänglichen Bergfried über das weite Bühler Rebland sind Höhepunkte dieser lohnenden Wanderung.

Die letzte Wanderstunde ab Alt-Windeck vertrauen wir uns der Traubenmarkierung des Ortenauer Weinpfades an. Er führt über den *Klotzberg* nach *Bühlertal-Untertal*, wo Busanschluß in Richtung Schwarzwaldhochstraße besteht.

42 Von Hinterlangenbach zum Seibelseckle und zum Wildsee

Verkehrsmöglichkeiten Hinterlangenbach liegt am Ende einer 12 Kilometer langen Stichstraße ab Schönmünzach im Murgtal. Es besteht eine dünne Busverbindung. Die Rundwanderung kann jedoch auch ab Seibelseckle an der Schwarzwaldhochstraße angetreten werden.
Parkmöglichkeiten Wanderparkplatz Harzplatz, 300 Meter oberhalb des Gasthofes Auerhahn in Hinterlangenbach oder bei der Bushaltestelle.
Wegmarkierungen Blaue Raute mit weißem Balken bis Seibelseckle, Rote Raute (Westweg) bis Wildseeblick, blaue Raute mit weißem Balken bis Hinterlangenbach.
Tourenlänge 13 Kilometer. **Wanderzeit** 3½ Stunden.
Höhenunterschiede Insgesamt etwa 400 Höhenmeter.

Wanderkarte 1:50 000 (SWV) Blatt 2 B.-Baden-Hornisgrinde.
Wissenswertes Der fast kreisrunde *Wildsee* liegt inmitten eines 84 Hektar großen Bannwaldes, wo jede forstliche Nutzung eingestellt wurde. Besonders eindrucksvoll ist der Blick vom *Eutingsgrab* beim »Wildseeblick« über das Wäldermeer des Nordschwarzwaldes. Eine Gedenktafel erinnert an den »Ruhestein-Vater« Prof. Euting, der hier seine letzte Ruhestätte fand.

Tourenbeschreibung Ein schöner Naturpfad führt gut markiert durch das Kesseltal, mündet später in einen Fahrweg ein und führt in einer guten Wanderstunde hinauf zum *Seibelseckle* (958 m) an der Schwarzwaldhochstraße. Wir folgen nun der roten Raute (Westweg) passieren die bewirtschaftete *Darmstädter Hütte* und erreichen auf teils steinigem Pfad den *Wildseeblick.*

Schon etwa 400 Meter vor Erreichen des Wildseeblicks zeigt ein Wegweiser den steilen Wanderpfad an, der zum *Wildsee* hinabzieht. Der Weiterweg steigt noch einmal an, wechselt mehrfach die Richtung, ist aber gut markiert und bringt uns nach Hinterlangenbach zurück.

Naturschutzgebiet Wildsee-Hochmoor (© Heinz R. Wittner)

43 Vom Mummelsee auf die Hornisgrinde und durch die Gaishölle nach Sasbachwalden

Verkehrsmöglichkeiten Busverbindung in Richtung Baden-Baden und Freudenstadt (Schwarzwaldhochstraße) und nach Sasbachwalden – Achern.
Parkmöglichkeiten Parkplatz Mummelsee.
Wegmarkierungen Rote Raute (Westweg) bis Hornisgrinde, blaue Raute über Kaltenbronnen – Hohritt bis Sasbachwalden.
Tourenlänge 13 Kilometer.
Wanderzeit 3 Stunden.
Höhenunterschiede 140 Höhenmeter Anstieg zur Hornisgrinde, 900 Höhenmeter Abstieg bis Sasbachwalden.
Wanderkarte 1:50 000 (SWV) Bl. 2 Baden-Baden-Hornisgrinde.
Wissenswertes Der *Mummelsee* (1029 m) liegt am Fuße des höchsten Berges im Nordschwarzwald, der Hornisgrinde. Es ist der größte, tiefste und höchstgelegene unter den noch erhaltenen eiszeitlichen Karseen. Lange war der See ein verstecktes romantisches Kleinod, Grimmelshausen, Mörike u. a. haben seine Geister und Nixen besungen. Heute muß man schon früh am Morgen hier aufkreuzen, um den Segnungen des Tourismus am »Rummelsee« zu entgehen. Der Weg über die Hornisgrinde zeigt auf drastische Weise die erschreckenden Auswirkungen des Waldsterbens. – *Sasbachwalden* und Gaishölle siehe Tour 47. – Nach jahrzehnte-

langer militärischer Nutzung ist das Gipfelplateau der *Hornisgrinde* endlich geräumt. Viele häßliche Spuren wie Baracken und Betonplatten konnten aber noch nicht beseitigt werden. Es wird dringend gebeten, die ohnehin geschädigten Moorflächen nicht zu betreten. – Der Hornisgrinde-Rundweg (roter Ring, 4,5 km) beginnt direkt beim Hotel.

Anmerkung Auch diese Bergab-Wanderung bietet eine günstige Busanbindung zum Ausgangspunkt, siehe Hinweis Tour 40. Der lange und stellenweise recht steile Abstieg ist durchweg gut begehbar, erfordert aber gutes Schuhwerk und eine gewisse Aufmerksamkeit. Die Wanderung bietet gewaltige Kontraste zwischen den schroffen Höhen der Hornisgrinde und dem weinfrohen Sasbachwalden in der Ortenau.

Bei der Hotelanlage Hohritt besteht die Möglichkeit, die Wanderung abzukürzen. Die Bushaltestelle wird jedoch nicht von allen Kursen angefahren und bis zur nächsten ständig bedienten Haltestelle ist es genau ein Kilometer ab Hotel. Es empfiehlt sich also auch hier, den Fahrplan vorher genau zu studieren.

Fachwerkhäuser in Sasbachwalden (© Michael Walke)

Sasbachwalden, Bildstock »Alde Gott« (© Michael Walke)

Tourenbeschreibung Lohnend ist der kurze Rundweg um den Mummelsee. Ein Skulpturenpfad zeigt zeitgenössische Kunstwerke, die wie immer Bewunderung oder Kopfschütteln auslösen.

Die Markierung rote Raute (Westweg) zeigt den direkten Anstieg zur Hornisgrinde. Wir folgen dem Westweg bis zum ersten der drei riesigen Windräder. Dann beginnt der urige, steinige Abstieg über die Westflanke (Wegweiser Sasbachwalden 8 km und blaue Raute).

Der Weg verlangt einige Trittsicherheit und bietet eine herrliche Fernsicht. Wir queren die Schwarzwaldhochstraße und stoßen beim *Kurhaus Breitenbrunn* (810 m) wieder auf die Fahrstraße, der wir für einige Schritte folgen. Dann geht es wieder nach rechts in den Wald hinein und eben oder sogar leicht ansteigend bis zur Kolping-Ferienanlage *Hohritt* (700 m). Unser Weg zieht nun ständig abwärts und bietet mit der romantischen Felsenschlucht Gaishölle noch einmal einen Höhepunkt auf dieser eindrucksvollen Bergab-Wanderung.

44 Vom Ruhestein zum Wildseeblick und zur Darmstädter Hütte

Verkehrsmöglichkeiten Busverbindungen in Richtung Freudenstadt und Baden-Baden (Schwarzwaldhochstraße) sowie in Richtung Baiersbronn und Achern.
Parkmöglichkeiten Wanderparkplatz Ruhestein an der Schwarzwaldhochstraße.
Wegmarkierungen Rote Raute (Westweg) bis Darmstädter Hütte, örtliche Markierungen zurück zum Parkplatz.
Tourenlänge 7 Kilometer, mit Abstieg zum Wildsee etwa 10 Kilometer.
Wanderzeit 2 Stunden, mit Abstecher zum Wildsee 3 Stunden.
Höhenunterschiede Insgesamt etwa 150 Höhenmeter, weitere 150 Höhenmeter in An- und Abstieg mit Wildsee.
Wanderkarte 1:50 000 (SWV) Blatt 2 B.-Baden-Hornisgrinde.
Wissenswertes Der *Ruhestein* bietet eine weite Rundsicht über das Wäldermeer des Nordschwarzwaldes, aber auch einen erschreckenden Einblick in die Folgen des Waldsterbens. Die kleine Rundwanderung kann auch von weniger bergtüchtigen Spaziergängern bewältigt werden, wenn man den Sessellift benutzt. Nahe der Bergstation stößt man auf den beschriebenen Weg.
Anmerkung Das im Jahre 1998 eröffnete Naturschutzzentrum Ruhestein wird mit seinen Ausstellungen und wechselnden Angeboten immer wieder ein lohnendes Ziel sein (siehe Tour Nr. 68).

Tourenbeschreibung Die kurze aber lohnende Rundwanderung beginnt am Skilift beim Ruhestein, wo wir uns der roten Rautenmarkierung in Richtung Mummelsee anvertrauen. Auf breitem Fahrweg steigen wir zur aussichtsreichen Höhe des Ruhestein hinauf und folgen dem Westweg in Richtung Mummelsee zum *Wildseeblick* beim Eutingsgrab. Nach 400 Metern ab Wildseeblick bietet sich der gut bezeichnete Abstieg zum Wildsee an (blaue Raute). Wir wandern weiter zur bewirtschafteten *Darmstädter Hütte.* Der Rückweg folgt der örtlichen Markierung R 1 und führt auf schönem Pfad mit herrlicher Aussicht über die Rheinebene zum Parkplatz zurück.

45 Von den Lierbach-Wasserfällen zum Kloster Allerheiligen und auf den Schliffkopf

Verkehrsmöglichkeiten Buslinie 7123 Achern – Mummelsee – Allerheiligen – Oppenau.
Parkmöglichkeiten Wanderparkplatz Wasserfälle an der Straße Oppenau – Allerheiligen.
Wegmarkierungen Örtliche Markierung entlang der Wasserfälle bis Allerheiligen, blaue Raute und Wegweiser bis Schliffkopf, rote Raute (Westweg) bis Steinmäuerle, Wegweiser und blaue Raute (Pionierweg) bis Allerheiligen.
Tourenlänge 13 Kilometer. **Wanderzeit** 4 Stunden.
Höhenunterschiede Insgesamt etwa 600 Höhenmeter.

Wanderkarte 1:50 000 Blatt 2 Baden-Baden – Hornisgrinde.
Wissenswertes Die *Lierbach-Wasserfälle* sind ein vielbesuchtes Naturdenkmal und wurden schon im Jahre 1840 durch eine kühne Weganlage erschlossen. Über steile Granitstufen stürzt das Wasser über gut 100 Meter zu Tale. – Das *Kloster Allerheiligen* wurde im Jahre 1196 durch die Herzogin Uta von Schauenburg in der damals noch unerschlossenen Einsamkeit des Lierbachtales gegründet. Die gotische Ruine des ehemaligen Prämonstratenklosters ist noch immer ein eindrucksvolles Zeugnis der frühen Besiedelung. – *Schliffkopf* sieheTour 71.

Klosterruine Allerheiligen (© Michael Walke)

Tourenbeschreibung Es sollen genau 232 Stufen sein, die über Treppen, Brücken und Galerien entlang des tosenden Wasserfalles hinaufführen. Entlang des gepflegten Wanderweges (Karl-Seith-Weg) erreichen wir die Klosterruine *Allerheiligen*. Nach Besichtigung geht es im Anstiegssinne nach rechts kurz hinauf zur

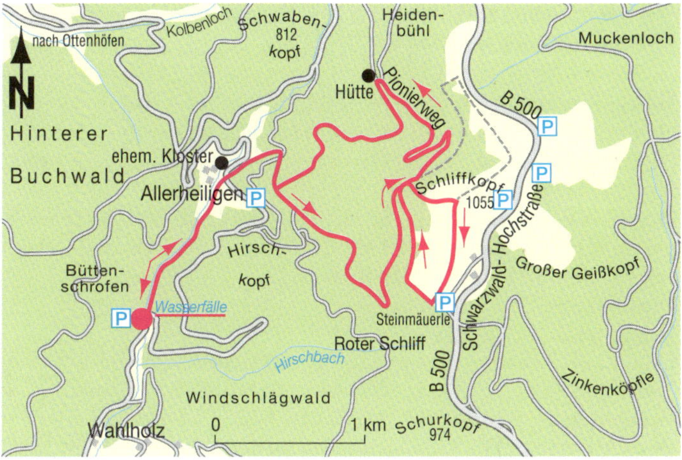

Straße (Parkplätze), die wir genau in Höhe der Bushaltestelle queren. Hier taucht die blaue Raute auf, die unseren Anstieg (Steinmäuerle 3,5 km) und den Rückweg (Pionierweg) anzeigt.

Bald gabeln sich die Wege, wir müssen dabei auf das weit über Augenhöhe angebrachte Wegzeichen zum *Steinmäuerle* achten, das nach rechts weist. Der kräftige Anstieg mündet nach einer Stunde Steigarbeit in den 1000-Meter-Weg ein (Schutzhütte). Hier könnte man den direkten Abstieg über den Pionierweg antreten, aber der nahe *Schliffkopf* darf nicht ausgelassen werden.

Es geht nur 60 Meter nach links, dann zieht ein gut markierter Pfad rechts hinauf zum Gipfelplateau (1055 m), wo eine Orientierungstafel die grandiose Rundsicht erläutert. Auf dem Westweg (rote Raute) wandern wir hinab zum *Parkplatz Steinmäuerle* (1000 m), und folgen wieder dem 1000-Meter-Weg nach rechts bis zur erwähnten Schutzhütte. Hier münden wir in den talwärts ziehenden Pionierweg ein. Der Weg entstand in den Jahren 1890/91, wohl als »ABM-Maßnahme« für Soldaten. Beeindruckend sind die mächtigen Mauern, fraglich scheint der Zweck, denn zu dieser Zeit wurde der Schliffkopf noch als »oede Wildnis« beschrieben. Bei einem Holzlagerplatz (Schutzhütte) ist auf die Markierung zu achten, denn unser Weg knickt nach links ab, während es geradeaus nach Ottenhöfen hinabgeht. Bald münden wir in unseren Anstiegsweg ein und kommen so nach *Allerheiligen* zurück.

46 Von Bühl-Neusatz zum Hardstein und zur Burg Alt-Windeck

Verkehrsmöglichkeiten Busverbindungen nach Bühl, Zufahrt über Autobahnausfahrt Bühl an der Strecke Karlsruhe – Basel.
Parkmöglichkeiten In der Ortsmitte, gegenüber Touristinformation.
Wegmarkierungen Blaue Raute und zahlreiche örtliche Markierungen bis Alt-Windeck, Traube (Ortenauer Weinpfad ab Windeck bis Neusatz).
Tourenlänge 17 Kilometer.
Wanderzeit 5 Stunden.
Höhenunterschiede Insgesamt etwa 600 Höhenmeter, kräftiger Anstieg zwischen Neusatz (235 m) und Hardstein (702 m).
Wanderkarte 1:50 000 Blatt 2 Baden-Baden – Hornisgrinde.
Wissenswertes Die Geschichte der *Burg Alt-Windeck* geht bis in das 12. Jahrhundert zurück und hat blutige Kapitel von Not und Elend aufzuweisen. Im 16. Jahrhundert war die Burg unbewohnt und zerfallen. Heute sitzt man geradezu fürstlich auf der Burgterrasse oder zünftig im nahen Vesperstüble oder genießt die herrliche Aussicht vom wieder zugänglichen Bergfried.

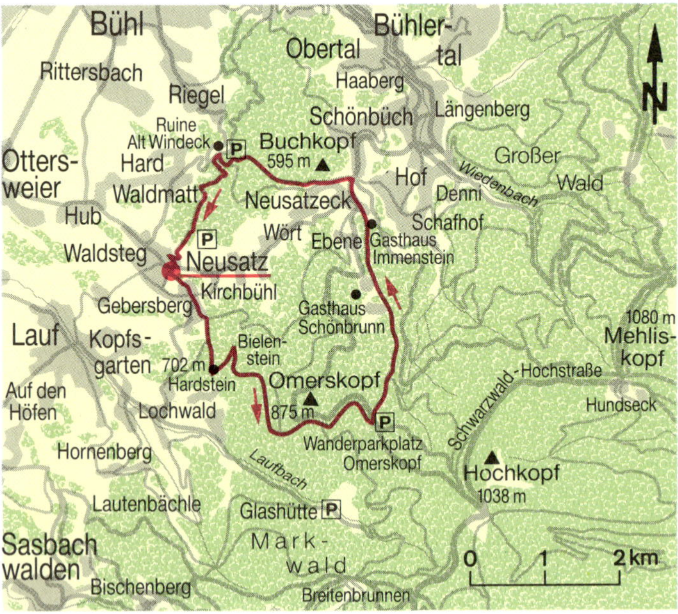

Burgruine Windeck (© Bernd Kottal)

Tourenbeschreibung Ab Ortsmitte *Neusatz* geht es sofort steil hinauf und an der Kirche vorbei, blaue Raute und Ortenauer Weinpfad verlaufen hier parallel. In Höhe des Hauses Heuberg 2 verlassen wir den Ortenauer Weinpfad, der nach rechts abknickt und nach Sasbachwalden hinabzieht. Wir steigen weiter an, durchqueren ein schönes Wohngebiet und können am *Hermann-Noller-Brunnen* (2001 angelegt) die erste Rast einlegen. Mit jedem gewonnenen Höhenmeter weitet sich die Sicht über die Rheinebene. In Höhe eines Gehöfts knickt unser Weg scharf nach links ab, steigt weiter an, quert später eine breite »Lothar-Schneise« und führt einem Grasweg folgend zum Aussichts- und Rastplatz auf dem *Hardstein* (702 m). Der weitere Anstieg führt zur Straße Richtung Unterstmatt. Wir folgen ihr für 100 Meter nach rechts, genau in Richtung Fernsehturm auf der nahen Hornisgrinde, biegen dann mit der blauen Raute links und gleich wieder rechts ab. Der Wanderpfad quert die gespenstische Kahlfläche, die der Orkan an Weihnachten 1999 hinterlassen hat. Am Waldrand geht es dann scharf nach links (Wegweiser Immenstein). Der grob geschotterte Weg mußte wohl angelegt werden, um die riesigen Sturmholzmassen abzutransportieren. Nun folgt eine längere Waldstrecke, links unseres Weges liegt die Gaststätte Schönbrunn, wenig später zeigt ein Wegweiser den kurzen Abstecher zum Immenstein nach rechts an.

Geradeaus führt der Weg weiter zum Gasthaus gleichen Namens. Hier bietet sich ein schöner Blick zum höchsten Berg des Nordschwarzwaldes (Hornisgrinde, 1163 m) und zur Nobelherberge auf der Bühler Höhe.

Vom *Gasthaus Immenstein* aus empfiehlt es sich, der Fahrstraße bis zur Straßenkreuzung (Bushaltestelle Abzweig Burg Windeck) zu folgen. Hier queren wir die Straße und folgen weiter der blauen Raute und dem Wegweiser Alt-Windeck 2,5 Kilometer. Der Aufstieg auf den Bergfried von Alt-Windeck ist ein Muß, denn zum Abschluß dieser lohnenden Rundwanderung liegt noch einmal das ganze Panorama von Ortenau und Rheinebene vor uns. Das letzte Wegstück folgt einem Fahrweg durch den Wald hinab nach *Neusatz* und ist wieder mit der Traube (Ortenauer Weinpfad) markiert.

47 Von Sasbachwalden durch die Gaishölle zum Hohritt

Verkehrsmöglichkeiten Busverbindungen zur Schwarzwaldhochstraße (Mummelsee) und nach Achern. Zufahrt über die Autobahnausfahrt Achern an der Strecke Karlsruhe – Basel.
Parkmöglichkeiten Großer Parkplatz bei Kurhaus und Freibad, Zufahrt innerörtlich beschildert.
Wegmarkierungen Blaue Raute über Hohritt bis zum Ortsrand von Obersasbach, blaue Traube (Ortenauer Weinpfad) über Alde Gott bis Sasbachwalden.
Tourenlänge 12 Kilometer.
Wanderzeit 4 Stunden.
Höhenunterschiede Insgesamt etwa 600 Höhenmeter, kräftiger Anstieg zwischen Sasbachwalden (257 m) und Hohritt (700 m).
Wanderkarte 1:50 000 (SWV) Blatt 2 Baden-B.-Hornisgrinde.
Wissenswertes Das »Blumendorf« *Sasbachwalden* wurde beim Bundeswettbewerb »Unser Dorf soll schöner werden« mit einer Goldmedaille ausgezeichnet, das Ortsbild mit seinen vielen schönen Fachwerkhäusern steht unter Denkmalschutz.

Der Weg durch die Schlucht der Gaishölle ist sicher einer der interessantesten Anstiege im Schwarzwald, der hier besonders

steil zur Rheinebene abfällt. Zwischen dem höchsten Berg des Nordschwarzwaldes (Hornisgrinde, 1163 m) und dem südländisch anmutenden Weinort Sasbachwalden (257 m) liegen gerade 5 000 Meter horizontaler Luftlinie.
Anmerkung Am Beginn der Gaishölle weist eine Tafel darauf hin, daß das Begehen auf eigene Gefahr erfolgt. Dies sollte nur bei Glatteis oder Tiefschnee abschrecken, denn bei richtigem Verhalten und gutem Schuhwerk ist der Pfad weniger gefährlich als der Gehweg entlang einer Autostraße.

Tourenbeschreibung Vom empfohlenen Parkplatz geht es kurz in Richtung Ortsmitte, bis die blaue Raute *Am Werth* (Ecke Kreissparkasse) die Führung übernimmt. An der Kurklinik vorbei geht es hinauf zum Ortsrand, wo der Wanderweg beim letzten Gebäude nach links abbiegt. Hier endet auch der ausgebaute Weg und geht in einen steinigen Waldweg über. Ein kurzer Steilanstieg führt zu einem Gedenkstein aus dem Jahre 1830, dann geht es durch schöne Bestände von Eßkastanien nach links zur Felsenschlucht der *Gaishölle.*

Steintreppen und zahlreiche Holzstege führen entlang des rauschenden Wildbaches hinauf zur Straße beim Restaurant Hohenrode. Wir wandern ein kurzes Stück nach links am Gasthof Bischenberg vorbei und gewinnen hier erstmals eine weite Rundsicht über die Rheinebene. Ein steiler Wiesenweg schneidet nun

Sasbachwalden, Kurhaus zum »Alde Gott« (© Bernd Kottal)

eine Straßenkehre ab (blaue Raute), dann folgen wir wieder kurz der Fahrstraße bis zum Waldrand, wo unser markierter Pfad nach links abknickt. Durch lichten Buchenwald geht es noch einmal stark bergan, bis die Gebäude am *Hohritt* erreicht sind (Familien-Ferienstätte).

Beim Parkplatz biegt der zuverlässig markierte Weg wieder links ab, führt durch prächtige Waldbestände, ist aber der leidigen »Verstraßung« zum Opfer gefallen. Dann folgt wieder ein ursprünglicher Waldpfad, der später in einen Grasweg einmündet, dem wir nach links folgen. Am Ende des Grasweges, wo die Schotterauflage beginnt, heißt es aufpassen. Unser Wanderweg schlüpft als schmaler Pfad nach rechts in den Wald und mündet schließlich nach Verlassen des Waldes in ein Betonsträßchen ein, dem wir nach rechts folgen. Kurz vor Erreichen eines Wohnhauses biegen wir nach links ab, passieren eine Marienkapelle (Rastplatz), wandern an einigen Gehöften vorbei und durch den Hohlweg stetig talwärts und stoßen beim *Kammerhof* auf den Ortenauer Weinpfad, dem wir nach links folgen.

Am Ortsrand von *Obersasbach* steigt der Weg noch einmal an und folgt für einen Kilometer der wenig befahrenen Fahrstraße. In Höhe der Ortstafel können wir wieder auf einen Weinbergweg ausweichen. Beim Rastplatz *Alde Gott* (301 m) wird die Legende um eine der bekanntesten Ortenauer Weinlagen beschrieben, dann folgt das letzte Wegstück zurück nach Sasbachwalden.

48 Von Sasbachwalden durch Weinberge und Wälder

Verkehrsmöglichkeiten Busverbindungen zur Schwarzwaldhochstraße (Mummelsee) und nach Achern. Zufahrt über Autobahnausfahrt Achern an der Strecke Karlsruhe – Basel.
Parkmöglichkeiten Großer Parkplatz bei Kurhaus und Freibad, Zufahrt innerörtlich beschildert.
Wegmarkierungen Blaue Traube (Ortenauer Weinpfad), dann örtliche Markierung nach Beschreibung.
Tourenlänge 12 Kilometer.
Wanderzeit 3½ Stunden.
Höhenunterschiede Insgesamt etwa 450 Höhenmeter, der wesentliche Teil des Anstiegs liegt zu Beginn der Wanderung.
Wanderkarte 1:50 000 (SWV) Blatt 2 Baden-B.-Hornisgrinde.
Anmerkung *Sasbachwalden* siehe Tour 47. – Ein Blick auf die Wanderkarte zeigt, daß sich die Touren 47 und 48 sehr leicht zu einer ausgedehnten Tagestour verknüpfen lassen.

Tourenbeschreibung Direkt gegenüber dem Kurhaus zeigt ein Holzwegweiser »Weinpfad« den Beginn der Wanderung an. Es geht kurz dem Bächlein entlang abwärts, dann zeigt die Traubenmarkierung des Ortenauer Weinpfades nach links. Es geht steil bergan zu einem Bauernhof. Hier sind auch schon die Rebhänge erreicht, und mit jedem Höhenmeter weitet sich der Rundblick über Weinberge, Wald und hinaus zur Rheinebene. Bei einer Weggabelung nach 15 Minuten seit Sasbachwalden verlassen wir den Weinpfad (»8« Birkköpfel) zeigt nach links. Am Ende des Betonweges geht es wieder links ab (zurückversetzte Wegmarkierung beachten). Entlang einer Obstanlage kommen wir zum

Landschaft bei **Sasbachwalden** (© Bernd Kottal)

Waldrand, wo unser Weiterweg in spitzem Winkel rechts abzweigt (»8« Schönbüch).

Der Weg bietet wieder eine schöne Aussicht und folgt dem Waldrand, bis an der Waldecke von rechts die blaue Rautenmarkierung hereinkommt (Sitzbank).

Weiter ansteigend erreichen wir am *Hagenberg* ein aussichtsreiches Rastplätzchen mit der sicher originellsten »Gartenwirtschaft« in der ganzen Ortenau. Im Brunnentrog nämlich dümpeln Coladosen, Bierflaschen und zwei Flaschen mit Selbstgebranntem. Und der Wanderer wird vertrauensvoll und freundlich durch ein Plakat gebeten, seinen Obolus für den kühlen Trunk in das bereitgestellte Kässle zu werfen.

Ein befestigter Weg führt weiter nach *Schönbüch* (625 m). 10 Minuten später bietet sich die Möglichkeit, weiter der blauen Raute zu folgen, um die Rundwanderung über Schindelskopf – Hohritt – Gaishölle auszudehnen (siehe Anmerkung). Die kürzere Variante folgt jedoch den örtlichen Markierungen »6« und »9«. Das Sträßchen ist zwar befestigt, entschädigt jedoch durch eine prächtige Aussicht. Nach Passieren eines Hofes folgt die genannte Markierung wieder einem unbefestigten Waldweg, zieht an mächtigen Felsblöcken vorbei und erreicht schließlich den nach links abzweigenden Abzweig (»21« Straubenhöfe) nach Sasbachwalden. Steil und steinig geht es nun talwärts, bis die Straße zur Schwarzwaldhochstraße (Tafel Ferienhof Wild) gequert wird. 100 Meter später bieten sich zwei Abstiege an. Wir wählen den ersten bezeichneten Weg, der durch einen Kastanienhain zu einer Kellerei und am Freibad vorbei zu unserem Parkplatz zurückführt.

Straubenhof-Mühle bei Sasbachwalden (© Michael Walke)

49 Von Freudenstadt zum Adrionshof und nach Rodt

Verkehrsmöglichkeiten Freudenstadt ist Verkehrsknotenpunkt mit guten Bahn- und Busverbindungen nach allen Richtungen.
Parkmöglichkeiten Hartranftstraße und Umgebung.
Wegmarkierungen Schwarz-rote Raute (Ostweg) bis Adrionshof (Ödenwald), gelb-blaue Raute und örtliche Wegweiser bis Hohenrodt, Breuninger-Weg bis zur Einmündung in den Lauterweg und zum Friedrichsturm.
Tourenlänge 15 Kilometer.
Wanderzeit 4 Stunden.
Höhenunterschiede Insgesamt etwa 220 Höhenmeter, kurzer Anstieg zum Friedrichsturm, anhaltende Steigung auf dem Rückweg ab Lauterbad.
Wanderkarte 1:50 000 (SWV) Blatt 5 Freudenstadt-Schramberg.
Wissenswertes *Freudenstadt* siehe Tour 50. – Der *Friedrichsturm*, auch Kienbergturm genannt, wurde im Jahre 1899 aus mächtigen Sandsteinquadern erbaut. Die vielbesuchte Aussichtswarte über der Kurstadt Freudenstadt bietet eine umfassende Rundsicht über den Nordschwarzwald und die vorgelagerten Gäuflächen.

Tourenbeschreibung Beim letzten Gebäude an der Hartranftstraße steigen wir nach rechts über Staffeln hinauf und gelangen auf gepflegten Parkwegen zum *Friedrichsturm*. Bei der Liegewiese, direkt neben dem Turm, entdecken wir die rot-schwarze Raute und örtliche Wegbezeichnungen nach Ödenwald. Auf dem Lauterweg, der in den Ostweg mündet, geht es auf guten Wegen durch den Wald zum *Masselkopf* (812 m) und an der *Alfred-Hummel-Hütte* vorbei zum sehenswerten *Adrionshof*. An der Waldecke, kurz vor dem Hofgebäude, weist eine gelb-blaue Rautenmarkierung in spitzem Winkel in den Wald zurück. Nach etwa 2 Kilometern, bei der ersten Hinweistafel des von rechts heraufziehenden Waldlehrpfades, zweigt die Markierung in Richtung Hohenrodt halbrechts vom Hauptweg ab. In *Hohenrodt* wählen wir die erste Straße nach links (Breuninger Weg). Nach gut einem Kilometer Weiterweg gabelt sich die Strecke. Wir wählen die linke Abzweigung (wiederholte Wegweiser zum Friedrichsturm), queren später

Freudenstadt, Marktplatz (© Ulrich Schnabel)

das Tal der Lauter und steigen die letzten Kilometer steil an, bis wir kurz vor dem Friedrichsturm wieder in den beschriebenen Weg einmünden, auf dem wir nach *Freudenstadt* zurückwandern.

50 Von Freudenstadt über den Teuchelweg zum Oberen Zwieselberg

Verkehrsmöglichkeiten Freudenstadt –, Verkehrsknotenpunkt, zahlreiche Bus- und Bahnverbindungen nach allen Richtungen.
Parkmöglichkeiten Parkplatz am Beginn des Teuchelweges, wo sich die Straßen zum Kniebis und nach Bad Rippoldsau gabeln.
Wegmarkierungen Blaue Raute bis Oberer Zwieselberg, rote Raute mit weißem Balken (Mittelweg) bis Teuchelweg.
Tourenlänge 14 Kilometer. **Wanderzeit** 4 Stunden.
Höhenunterschiede Insgesamt etwa 260 Höhenmeter, verteilt auf mehrere kurze Anstiege.
Wanderkarte 1:50 000 (SWV) Blatt 5 Freudenstadt-Schramberg.
Wissenswertes *Freudenstadt* ist das touristische und kulturelle Zentrum des Nordschwarzwaldes. Die Stadt feierte im Jahre 1999 ihr vierhundertjähriges Bestehen. Nach schweren Kriegszerstörungen gilt der Wiederaufbau bis heute als vorbildlich gelungen. Sehenswert ist die von Heinrich Schickhardt erbaute Stadtkirche, deren Grundstein im Jahre 1601 gelegt wurde. Schöne

Arkadengänge führen um den größten Marktplatz Deutschlands. Freudenstadt ist Ausgangspunkt der berühmten Schwarzwaldhochstraße nach Baden-Baden.
Anmerkung Die Wanderung kann auch als lohnende Zielwanderung nach Kniebis durchgeführt werden (12 km). Der Weg ist mit der blauen Raute lückenlos markiert, es bestehen gute Busverbindungen. Am gleichen Punkt (Teuchelweg) beginnt der Waldgeschichtspfad. Er führt über 8,5 Kilometer und erzählt in 18 Stationen von historischen Waldgewerben.

Tourenbeschreibung Der *Teuchelweg* ist einer der beliebtesten Promenadenwege Freudenstadts und beginnt am erwähnten Parkplatz. Der Weg folgt fast steigungsfrei der ehemals in Holz gefaßten Wasserleitung nach Freudenstadt (Teuchelrohre, Informationstafel am Beginn des Weges).

An mehreren Schutzhütten, zahlreichen Rastplätzen und am Löwenbrunnen (750 m) vorbei entdecken wir nach einer guten Wanderstunde einen Wegweiser, der nach links in Richtung Kasselstein weist (blaue Raute). Es geht für 5 Minuten einen Grasweg hinauf, dann folgt ein steigungsfreies Schottersträßchen nach rechts. Nach 5 Minuten biegen wir wieder links ab (blaue Raute, Distriktstafel Hirschhau), steigen wieder auf einem Grasweg kurz

Freudenstadt, Marktplatz mit Rathaus (© Bernd Kottal)

an und erreichen nach 500 Metern den *Salzleckerweg*, der Freudenstadt mit Kniebis verbindet. Vor der Krumme-Buche-Hütte folgen wir dem Grasweg halbrechts und erreichen nach 5 Minuten den Grenzweg, der von Kniebis nach Zwieselberg führt. Auf diesem Weg gelangen wir in spitzem Winkel nach links mit der blauen Raute nach *Zwieselberg*. Eine Variante zeigt der Wegweiser Krumme Buche – Zwieselberg an. Dieser Weg zweigt nach 500 Metern rechts ab. Unterwegs erläutern Tafeln auf ebenso interessante wie erschreckende Weise die Bedrohung durch das fortschreitende Waldsterben.

Am *Oberen Zwieselberg* queren wir beim Hotel Hirsch die Fahrstraße, dann zieht der Mittelweg steil und steinig zu einem alten Steinbrückle und zur *Kinzigle-Hütte* (720) hinab. Ein letzter Anstieg über 100 Höhenmeter folgt dem Rippoldsauer Fußweg zur *Rippoldsauer Hütte* (825 m). Über die Agnesruhe (770 m) münden wir wieder in den Teuchelweg ein und sind bald am Ausgangspunkt.

51 Von Baiersbronn zum Sankenbachsee und zu den Wasserfällen

Verkehrsmöglichkeiten Gute Bahnverbindungen in Richtung Freudenstadt und Rastatt – Karlsruhe (Murgtalbahn), zahlreiche Busverbindungen.
Parkmöglichkeiten In Bahnhofsnähe, siehe jedoch Anmerkung.
Wegmarkierungen Blaue Raute mit weißem Balken und zahlreiche örtliche Wegweiser.
Tourenlänge 14 Kilometer.
Wanderzeit 4 Stunden.
Höhenunterschiede Insgesamt etwa 350 Höhenmeter, steiler Anstieg entlang der Wasserfälle.
Wanderkarte 1:50 000 Blatt 2 Baden-Baden – Hornisgrinde.
Wissenswertes *Baiersbronn* siehe Tour 32. – Der *Sankenbachsee* ist einer der sieben eiszeitlichen Karseen, die im nördlichen Schwarzwald erhalten sind. Er wurde in den Jahren 1980/81 vor dem endgültigen Verlanden gerettet, indem man einen Wall aus 12 000 Kubikmeter Erde aufschüttete. Der See ist 2,4 Hektar groß, liegt idyllisch im Talschluß und bietet ein kühles Badevergnügen. Der Sankenbach stürzt in zwei Stufen über 40 Meter die

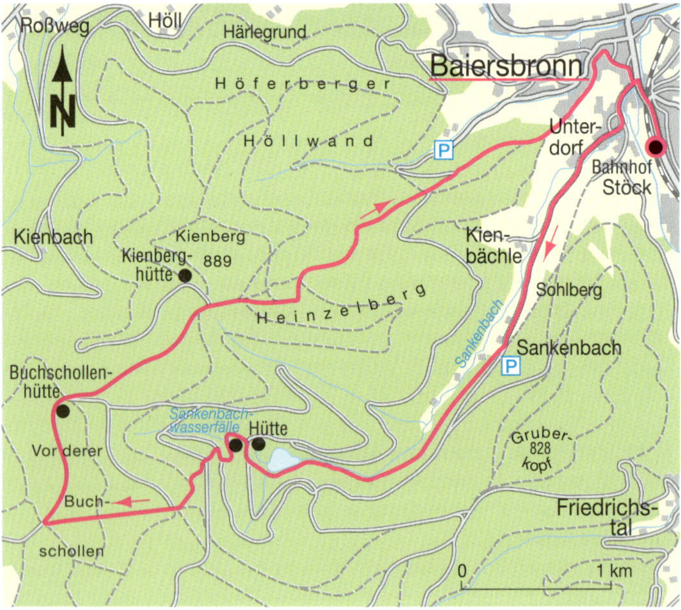

Baiersbronn (© Bernd Kottal)

steile Karwand herab. Der Steg entlang des Wasserfalles ist steil, aber gut gesichert.
Anmerkung Die Wanderung läßt sich leicht abkürzen. Man fährt auf der Sankenbachstraße über den Parkplatz beim Sessellift hinaus weiter zum Parkplatz am Waldrand. Auf der Heinzelbergebene (siehe Tourenbeschreibung) bietet sich ein direkter Abstieg zum Sankenbachsee an.

Tourenbeschreibung Über die alte Steinbrücke nahe des Bahnhofs (Forbachstraße) kommen wir zur Sankenbachstraße und folgen ihr 30 Minuten talauswärts. In Höhe des erwähnten Parkplatzes verlassen wir dann den Hauptweg nach rechts (Wegweiser Kniebis an Holzhütte) und steigen an zum *Sankenbachsee.* Bald darauf, kurz vor einem Rastplatz (Grillstelle, Informationstafel) geht es scharf links ab und steil hinauf zu den Wasserfällen. Auf steilem und steinigem Pfad steigen wir hinauf zur *Wasserfallhütte.* Hier folgen wir dem breiten Fahrweg nach rechts, verlassen diesen aber schon nach 200 Metern (Markierung beachten!) und folgen einem schmalen Pfad, der bald wieder in einen Fahrweg einmündet, der zu einer auffallenden Felsplatte (Inschrift 1880) führt. Die blaue Raute und Wegweiser nach Kniebis-Lamm weisen den Weiterweg. Nach weiteren zwei Kilometern biegt unser Weg nach rechts ab (Wegweiser Buschschollenhütte – Baiersbronn 7 km). Bald ist die Schutzhütte (900 m) erreicht, auch hier hat der Orkan »Lothar« für freie Sicht gesorgt (Alexanderschanze, Schliffkopf, Hornisgrinde). Nicht idyllisch, aber eindrucksvoll ist der Weg durch die riesigen Kahlflächen, die der Orkan geschaffen hat. Auf der *Heinzelbergebene* bietet sich nach rechts die gut bezeichnete Abkürzung zum Sankenbachsee an. Zehn Minuten später biegen wir nach rechts vom Hauptweg ab (blaue Raute über Höferköpfle nach Baiersbronn 2,5 km). Das letzte Wegstück ist recht steil und bietet eine freie Sicht zu den weit verstreut liegenden Teilorten von Baiersbronn im oberen Murgtal.

52 Rundwanderung ab Baiersbronn-Röt mit Varianten

Verkehrsmöglichkeiten Busverbindungen in Richtung Baiersbronn – Freudenstadt und Rastatt – Karlsruhe.
Parkmöglichkeiten Nach Queren der Bahngleise in Röt rechts ab (Dorfwiesen) bis Ortsende.
Wegmarkierungen Blaue Raute mit weißem Balken und zahlreiche örtliche Wegweiser.
Tourenlänge Nach Baiersbronn 15 Kilometer, Varianten siehe Anhang.
Wanderzeit 4½ Stunden.
Höhenunterschiede Insgesamt etwa 450 Höhenmeter.
Wanderkarte 1:50 000 Blatt 2 Baden-Baden – Hornisgrinde.

Tourenbeschreibung Beim empfohlenen Parkplatz zeigt eine Wandertafel den Beginn des kräftigen Anstiegs (Seelochhütte 2,5 km). Es geht zunächst an mehreren Laufbrunnen vorbei steil

Röt, Schönegründ (© Baiersbronn Touristik)

hinauf zum Ortsteil *Röter Wiese*, wo wir nach rechts der Straße *Ritterrain* folgen. Bald taucht auch wieder die blaue Raute auf und nach einer Stunde Steigarbeit ist die *Seelochhütte* (900 m) erreicht. Oberhalb der Hütte führt ein breiter Fahrweg weiter, den wir nach etwa zwei Kilometern nach links verlassen, um einem weiter ansteigenden Grasweg zu folgen (Markierung am Abzweig beachten!). Auf der Hochfläche wandern wir weiter in Richtung Huzenbacher See, bis in Höhe eines großen Holzlagerplatzes die blaue Raute (Wegweiser Klosterreichenbach) nach links abzweigt (geradeaus weiter Variante 1). Nach 30 Minuten seit Abzweig bietet sich Variante 2 über Tonbach an (Holzwegweiser nach rechts).

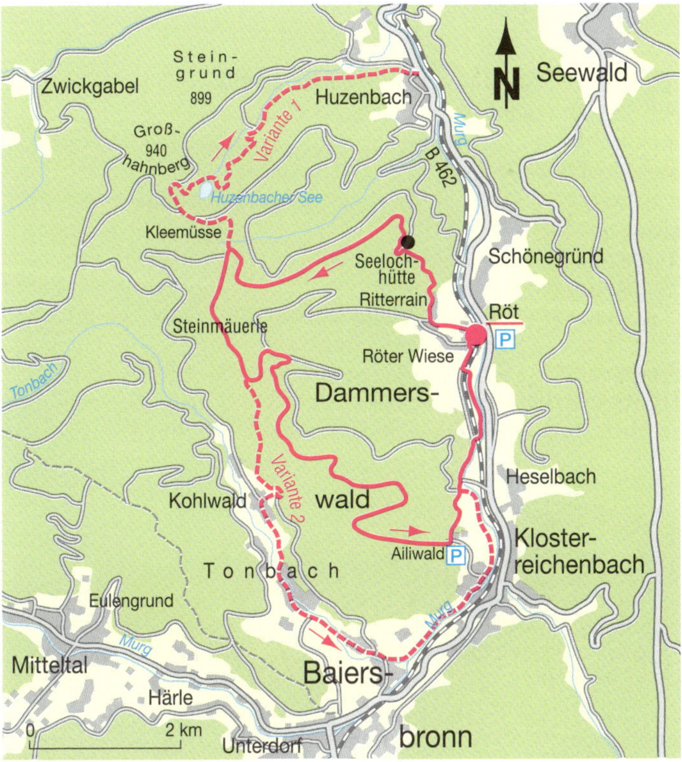

Wir kommen an der *Steinmäuerleshütte* vorbei zum *Riesenstein*, wo eine Sitzbank, überlagert von tonnenschwerem Fels, noch einmal Rastgelegenheit bietet. Beim *Parkplatz Ailiwald* ist das Murgtal erreicht. Wir umrunden das Rotwildgehege nach links (Wegweiser 1), und passieren das Steinbruchgelände.

Der Rad- und Wanderweg entlang der Bahnlinie führt zum Ausgangspunkt zurück.

Variante 1 Ein reizvolles Wegstück führt ab der erwähnten Stelle über die aussichtsreiche *Kleemüsse* (896 m) hinab zum *Huzenbacher See*, einem eiszeitlichen Karsee und weiter nach *Huzenbach* im Murgtal. Wegstrecke 12 Kilometer, Busverbindung ab Huzenbach nach Baiersbronn.

Variante 2 Der genannte Abstieg nach *Tonbach* ist gut markiert. Nirgendwo in Deutschland leuchten auf so engem Raum 6 Gourmet-Sterne wie in diesem kleinen Seitental der Murg. Unser Weg mündet in den Murgtal-Wanderweg ein, der über *Klosterreichenbach* nach *Röt* führt. Wegstrecke 14 Kilometer.

53 Von Bad Rippoldsau-Holzwald zum Glaswaldsee

Verkehrsmöglichkeiten Busverbindungen nach Kniebis, Freudenstadt und Wolfach, Haltestelle beim Gasthof Holzwälder Höhe.
Parkmöglichkeiten Beim Gasthof Holzwälder Höhe.
Wegmarkierungen Blaue Raute bis Hildahütte, Rote Raute (Westweg) bis See-Ebene, blaue Raute und nach Beschreibung nach Holzwald.
Tourenlänge 14 Kilometer. **Wanderzeit** 4 Stunden.
Höhenunterschiede Insgesamt etwa 500 Höhenmeter, kräftiger Anstieg zwischen Holzwald (598 m) und Hildahütte (917 m).

(© Ulrich Schnabel)

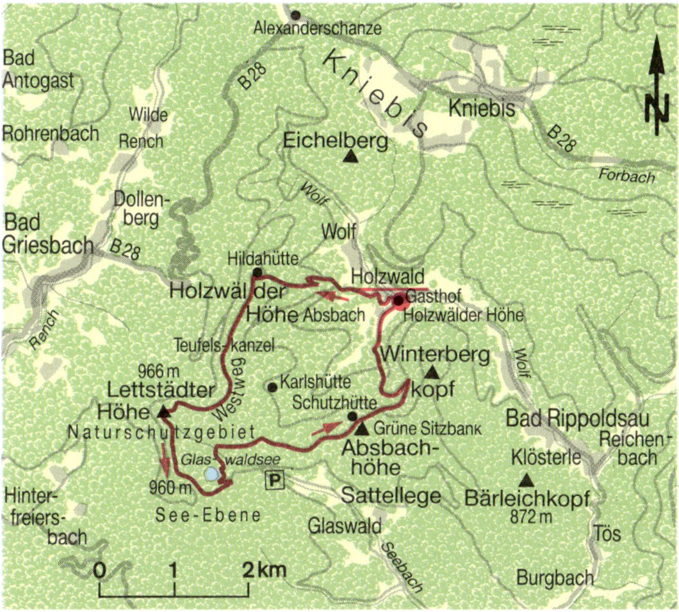

Wanderkarte 1:50 000 (SWV) Blatt 5 Freudenstadt-Schramberg.
Wissenswertes Der *Glaswaldsee* ist einer der stillen Karseen des Nordschwarzwaldes, der vom lauten Rummel des Massentourismus verschont blieb. Er steht unter Naturschutz und ist nur für Fuß- und Radwanderer erreichbar. Früher diente er als Schwallweiher für die Flößerei im Wolftal.

Tourenbeschreibung Wir parken beim Gasthof *Holzwälder Höhe*, entdecken hier die blaue Raute und folgen der Markierung für 100 Meter entlang der Fahrstraße talaufwärts. Beim Straßenschild *Am Schillingerberg* geht es links aufwärts, es folgt ein langer und steiler Anstieg zur *Hildahütte* am Westweg Pforzheim – Basel. Wir folgen der Höhenwegmarkierung (rote Raute) nach links. Mit nur leichten Zwischenanstiegen führt der Weg über die Holzwälder- und Lettstätter Höhe (966 m, Schutzhütte), bis wir auf der See-Ebene (960 m) eine Wegkreuzung erreichen.

Hier verlassen wir den Westweg nach links, vertrauen uns wieder der blauen Raute an und sehen bald links, 120 Meter tiefer, den *Glaswaldsee*. Nach 15 Minuten Abstieg ist der See erreicht. Eine Schutzhütte lädt zu geruhsamer Rast ein. Vom Glaswaldsee folgen wir weiter der blauen Raute, die uns zur Schutzhütte bei der *Grünen Sitzbank* (910 m) geleitet. Weiter der blauen Raute folgend queren wir eine Forststraße und folgen steil abwärts dem Schmidbauernweg. Nach etwa 600 Metern verlassen wir die Rautenmarkierung nach links und folgen dem Großen Abtsweg. Nach etwa 300 Metern zeigt ein Richtungspfeil scharf nach rechts, wir folgen einem grasigen Weg, der ständig absteigend in den Teufelslochweg einmündet.

Die örtliche Wegmarkierung TK 8 zeigt das letzte Wegstück bis zum *Gasthof Holzwälder Höhe* an.

54 Von Alpirsbach nach Schömberg und durch das Tal der jungen Kinzig

Verkehrsmöglichkeiten Bahnverbindungen nach Freudenstadt und Hausach, Busverbindungen nach Freudenstadt, Hausach, Schramberg und Oberndorf a. N.
Parkmöglichkeiten Wenig Parkraum im Ortskern, leicht zu finden nördlich der B 294, entlang der Fahrstraße in Richtung Sulzberg–Reinertsau.
Wegmarkierungen Schwarz-rote Raute (Ostweg) bis Schömberg, örtliche Markierung S 2 durch das Lohmühlenbachtal ins Kinzigtal, blau-gelbe Raute (Breuninger Weg) durch Ehlenbogen und nach Alpirsbach.
Tourenlänge 18 Kilometer. **Wanderzeit** 4½ Stunden.

Alpirsbach, ehemalige Klosterkirche (© Ulrich Schnabel)

Höhenunterschiede Insgesamt etwa 350 Höhenmeter, kräftiger Anstieg im ersten Teil der Wanderung zwischen Alpirsbach (440 m) und Nonnenstein (750 m), angenehmer Abstieg ab Schömberg.
Wanderkarte 1:50 000 (SWV) Blatt 5 Freudenstadt-Schramberg.
Wissenswertes Das Kloster Alpirsbach wurde im Jahr 1095 als Benediktinerabtei gegründet. Die kunsthistorisch bedeutende Säulen-Basilika gilt als ältester vollständig erhaltener Kultbau im Schwarzwald. In den Sommermonaten lädt Alpirsbach zu den weitbekannten Kreuzgangkonzerten ein.

Tourenbeschreibung Über den Ambrosius-Blarer-Platz und die Burghaldenstraße verlassen wir die Klosterstadt *Alpirsbach* und folgen der rot-schwarzen Raute der Ostwegmarkierung. Durch schönes Wohngebiet steigen wir an zur Waldecke »Am Kapf«, verlassen dort den Fahrweg und steigen durch den Wald an. Der

Heilenbergweg führt uns am *Nonnenstein* vorbei, passiert das Gehöft Altenburg und erreicht den Weiler *Schömberg*.

Wir wandern geradeaus weiter und vertrauen uns der örtlichen Wanderwegmarkierung S 2 an. Sie folgt schließlich dem *Lohmühlebach* und zieht an den zahlreichen Fischbecken einer Forellenzucht vorbei hinab ins Kinzigtal. Bei der Oberen Mühle (520 m) erreichen wir das erste Anwesen des langgestreckten Alpirsbacher Stadtteils *Ehlenbogen*. Die blau-gelbe Raute des Breuninger Weges übernimmt nun die Führung kinzigabwärts. Der ruhige Fahrweg passiert einige Höfe und Mühlen, bis er in die Straße einmündet. Unser Wanderweg bleibt hier ganz kurz im Talgrund zwischen Kinzig und Straße (bei feuchter Witterung der Straße folgen!) und quert die Straße schließlich in Höhe der Bushaltestelle am *Metzgers-Bauernhof*. Der Rückweg erfolgt links der Straße und führt als teilweise schmaler Pfad zu unserem Ausgangspunkt zurück.

55 Auf dem Jubiläumsweg um Pfalzgrafenweiler

Verkehrsmöglichkeiten Busverbindungen in Richtung Dornstetten – Freudenstadt – Horb und Altensteig.
Parkmöglichkeiten Wanderparkplatz Obere Schwende, links der B 28 in Richtung Altensteig.
Wegmarkierungen Motiv Nördlinger Hütte mit Gemeindewappen und Logo des Schwarzwaldvereins.
Tourenlänge 15 Kilometer.
Wanderzeit 4 Stunden.
Höhenunterschiede Insgesamt etwa 200 Höhenmeter.
Wanderkarte 1:50 000 Blatt 3 Bad Wildbad – Freudenstadt.
Anmerkung Der Rundweg wurde zum hundertjährigen Jubiläum des Schwarzwaldvereins Pfalzgrafenweiler im Jahre 1998 eingerichtet. Die Gäste-Information am Marktplatz hält ein Faltblatt mit sehr detaillierter Wegbeschreibung bereit. Der Weg ist vorbildlich markiert, wechselt jedoch oft seine Richtung und erfordert Aufmerksamkeit.

Tourenbeschreibung Der Wanderweg folgt kurz dem Ostweg Pforzheim – Schaffhausen, biegt aber nach dem *Büchelesbrunnen* links ab und führt über den Wanderparkplatz Katzensteig zur B 28 und zum Jubiläumsplatz und weiter zum *Russenbusch*, wo sich ein Rastplatz mit herrlicher Aussicht anbietet. Vorbei am Ultraleicht-

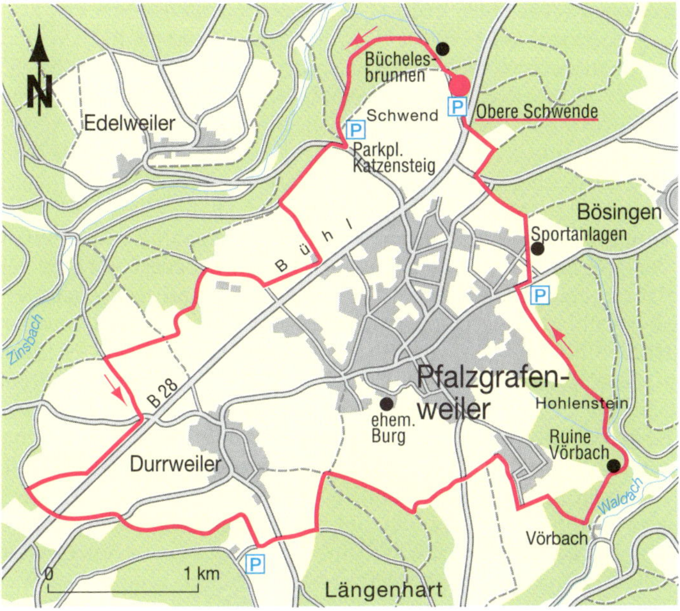

flugplatz geht es zum Punkt *Drei Buchen*, nach Querung der B 28 entlang des Waldrandes zur *Siedlung Heide* und auf aussichtsreichem Weg zur *Nördlinger Hütte* mit Feuerstelle und Rastbänken. Über den *Hohlenstein*, einen mächtigen Buntsandsteinfelsen, gelangen wir zur *Steinachhütte*, passieren das Industriegebiet und münden nach den Sportanlagen wieder in den Ostweg ein, der zum Ausgangspunkt dieser lohnenden Rundtour führt.

56 Von der Waldsägmühle bei Pfalzgrafenweiler zum Bannwald »Große Tannen« bei Kälberbronn

Verkehrsmöglichkeiten Busverbindungen in Richtung Pfalzgrafenweiler, Altensteig und Bad Teinach.
Parkmöglichkeiten Bei der Waldsägmühle.
Wegmarkierungen Blaue Raute mit weißem Balken bis Einmündung in den Ostweg nördlich von Obermusbach, schwarzrote Raute (Ostweg) und zahlreiche Wegweiser zur Waldsägmühle.
Tourenlänge 13 Kilometer. **Wanderzeit** 3 Stunden.
Höhenunterschiede Insgesamt etwa 200 Höhenmeter.
Wanderkarte 1:50 000 Blatt 3 Bad Wildbad – Freudenstadt.

Wissenswertes Der heutige *Bannwald Große Tannen* bei Kälberbronn war einst der vielbesuchte Standort der angeblich ältesten und größten Tannen im Schwarzwald. Das Waldsterben, die beiden verheerenden Orkane (Wiebke 1990, Lothar 1999) und schließlich der Zahn der Zeit haben die meisten der Baumriesen gelegt. Heute sind es die mächtigen Buchen, die das Waldbild beherrschen.

Tourenbeschreibung Beim Parkplatz gegenüber des Hotels Waldsägmühle beginnt der Anstieg, der zunächst parallel zur Fahrstraße der alten Kälbersteige folgt und dann als aussichtsreicher Pfad entlang des Waldrandes und an der eindrucksvollen Hohlen Buche vorbei zum *Bannwald Große Tannen* (730 m) führt.

Beim Rast- und Spielplatz biegen wir links ab (Wegweiser Freudenstadt 12 km) und folgen dem Waldrand um die Rodungsinsel Kälberbronn bis zur Fahrstraße, auf der wir 60 Meter nach rechts gehen. Hier gabeln sich die Wanderwege. Wir gehen 50 Meter in Richtung Igelsberg und münden dann nach links in einen stark verwachsenen Weg ein, der tief ausgefurcht, mit Wasserlöchern gespickt und nur mit gutem Schuhwerk begehbar ist. Pilzfreunde sollen hier schon ins »Schwärmen« gekommen sein. Unser Weg quert die Fahrstraße Dornstetten – Erzgrube und stößt am Punkt

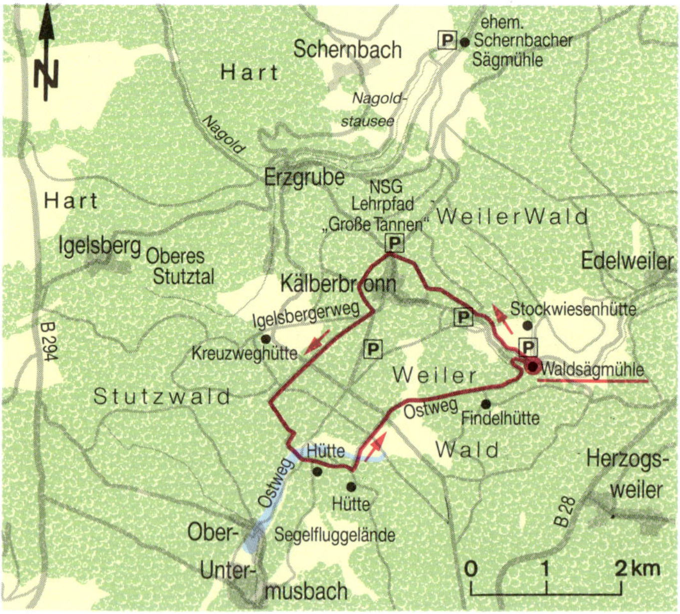

Glattbächle (693 m) nördlich von Obermusbach auf den Ostweg Pforzheim – Schaffhausen, dem wir in Richtung Pfalzgrafenweiler folgen. Im weiteren Wegverlauf zeigen zahlreiche Wegweiser die Richtung zur Waldsägmühle, die vom Ostweg nicht direkt berührt wird.

57 Von Reinerzau (Oberes Dörfle) zum Oberen Zwieselberg und zum Stausee Kleine Kinzig

Verkehrsmöglichkeiten Busverbindungen in Richtung Freudenstadt und Hausach, PKW-Zufahrt über Loßburg und Reinerzau und über ein sehr schmales Fahrsträßchen ab Alpirsbach.
Parkmöglichkeiten Wanderparkplatz Kleine Kinzig.
Wegmarkierungen Blaue Raute mit weißem Balken bis Schmidsberger Platz, rote Raute mit weißem Balken (Mittelweg) bis Oberer Zwieselsberg, örtliche Wegweiser zum Stausee, Rundweg 21 zum Parkplatz.
Tourenlänge 22 Kilometer.
Wanderzeit 5 1/2 Stunden.
Höhenunterschiede Insgesamt etwa 320 Höhenmeter, einziger kräftiger Anstieg zu Beginn der Rundwanderung bis Schmidsberger Platz.
Wanderkarte 1:50 000 Blatt 5 Freudenstadt – Schramberg.

Talsperre Kleine Kinzig (© ZV Wasserversorgung Kleine Kinzig)

Anmerkung Die Rundwanderung führt nur zu wenigen Aussichtspunkten und meist fernab der Fahrstraße durch den Wald. Der Stausee ist ein Trinkwasserspeicher. Baden, Wassersport und sogar das Betreten der Ufer sind aus verständlichen Gründen untersagt.

Tourenbeschreibung Vom *Parkplatz Kleine Kinzig* geht es zunächst etwa 500 Meter zurück ins Dorf und nach rechts über die Steinbrücke. Ein Wegweiser (Schmidsberger Platz 4,5 km) zeigt den steilen Anstieg über die *Roßbergsteige* an. Bei einem alleinstehenden Bauernhof biegen wir nach rechts zum Waldrand ab, steigen weiter an und münden an einer breiten Wegkehre (Max-Egon-Weg, Gedenkstein 1971) in den Hansjakob-Weg ein, der am *Schmidsberger Platz* (776 m) auf den Mittelweg Pforzheim – Waldshut trifft.

Die folgenden acht Wanderkilometer führen streckenweise wirklich über Stock und Stein, meist entlang der alten Landesgrenze zwischen Baden und Württemberg. Uralte Grenzsteine erinnern daran.

Die Orkane »Wiebke« (1990) und »Lothar« (1999) haben hier oben gewütet und für eine zeitweilige Sperrung des Weges gesorgt. Aber der Schwarzwaldverein hat seitdem ganze Arbeit geleistet und die Markierung ist wie gewohnt lückenlos.

Bis *Oberer Zwieselsberg* bleibt der Weg im geschlossenen Wald, nach Passieren einer Fachklinik geht es dann steil hinab (Wegweiser Stausee). Ab Seeufer folgen wir dem direkten Uferweg nach Süden bis zum Parkplatz.

58 Von Bad Wildbad über Grünhütte und Wildsee zum Kaltenbronn

Verkehrsmöglichkeiten Gute Bahn- und Busverbindungen nach Wildbad, direkte Busverbindung zwischen Start- und Zielort. Da der Fahrplan recht dünn ist, sollte man sich vor Beginn der Wanderung über die Rückfahrtzeiten erkundigen.

Die Sommerbergbahn fährt halbstündlich ab Bad Wildbad und überwindet 300 Höhenmeter.

Parkmöglichkeiten Bad Wildbad, gebührenpflichtig auf dem Sommerberg. Die Zufahrt ab Bahnhof ist gut beschildert.

Wegmarkierungen Gute örtliche Wegweiser, rote Raute mit weißem Balken (Mittelweg), siehe jedoch Anmerkung.

Bad Wildbad, an der **Enz** (© Bernd Kottal)

Tourenlänge 11 Kilometer. **Wanderzeit** 3 Stunden.
Höhenunterschiede Insgesamt etwa 150 Höhenmeter, bei Benutzung der Sommerbergbahn kein steiler Anstieg.
Wanderkarte 1:50 000 Blatt 3 Bad Wildbad – Freudenstadt.
Wissenswertes *Bad Wildbad* ist der traditionsreichste Badeort im nördlichen Schwarzwald und besitzt Stadtrecht seit 1367. Es wurde durch Graf Eberhard von Württemberg verliehen, nachdem dieser durch einen Hirten vor dem Feind gerettet worden war. Ludwig Uhland hat dieses Ereignis in seiner Ballade »Der Überfall im Wildbad« besungen. Die Wanderung führt durch das höchstgelegene deutsche Moorgebiet. Dieser hochsensible Bereich ist durch den Eintrag von Nährstoffen (z.B. Entenfutter) höchst gefährdet. So wurde der Mittelweg Pforzheim – Waldshut bereits umgeleitet. Es ist noch erlaubt, den Schwellen- und Bohlenweg »lautlos und spurlos« zu begehen. Bei weiterer Mißachtung der Gebote für ein Naturschutzgebiet muß aber damit gerechnet werden, daß die Moore völlig abgesperrt werden.

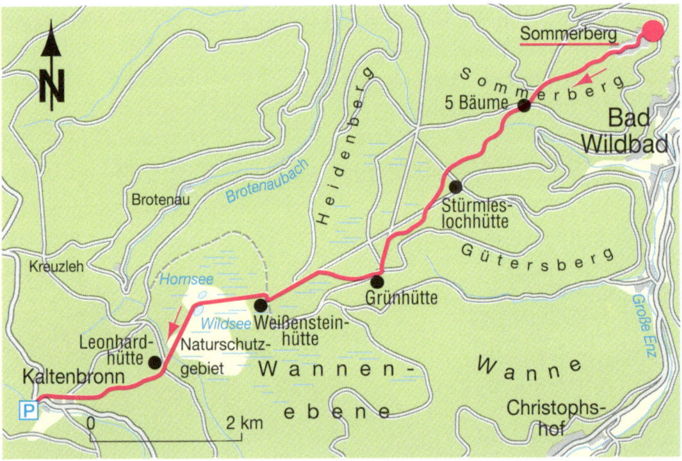

Anmerkung Ab Sommerberg bieten sich sechs bezeichnete Rundwege an. Die »klassische« Schwarzwaldwanderung Sommerberg – Kaltenbronn ist auch bestens für Wanderer geeignet, die sich keine längeren Anstiege zumuten können. Die Grünhütte hat während der Wandersaison keinen Ruhetag. Seit Dezember 2002 bietet die neue Enztalbahn Pforzheim – Bad Wildbad die Möglichkeit des autofreien Wanderns.

Tourenbeschreibung Vom Parkplatz auf dem *Sommerberg* steigen wir für fünf Minuten bergan und biegen an der *Rodelhütte* in den gut bezeichneten Weg zu *Fünf Bäumen* ein, der nach rechts abzweigt.

Der Weg quert eine Liftanlage und bietet Ausblicke über die großen Waldschneisen, die der Orkan »Lothar« an Weihnachten 1999 geschlagen hat. Beim Punkt *Fünf Bäume* (Schutzhütte) münden wir in den Mittelweg Pforzheim – Waldshut ein und folgen ihm zur schön gelegenen *Grünhütte* (Gaststätte, Grillplatz, Rastbänke). Wenig später ist die *Weißensteinhütte* erreicht. Ein kleiner Wegweiser zeigt den Zugang zum Schwellenweg, der mitten durch das Naturschutzgebiet zieht, während der Mittelweg einen Bogen nach Norden beschreibt. Der Pfad erreicht schließlich die *Leonhardhütte* (906 m). Wir folgen dem breiten Mannlohweg (Wegweiser am Steinblock links des Weges) und münden kurz vor Kaltenbronn wieder in den Mittelweg ein. Das letzte Wegstück führt an einem Rotwildgehege entlang zur Straße und zur Bushaltestelle.

59 Der Barfußpark in Dornstetten-Hallwangen

Die natürlichste Art der Fortbewegung, das Laufen und Gehen mit nackten Füßen, ist im heutigen Alltag ganz aus der Mode gekommen. Nur ältere Semester können sich noch daran erinnern, daß man im Sommer »unten ohne« zum Spielen und auch in die Schule ging.

Aber es ist nach vielleicht zögerlichem Einstieg noch immer eine interessante Erfahrung, die echte Bodenhaftung zu erspüren. In Dornstetten-Hallwangen hat man dies zur Attraktion gemacht und mit dem Barfußpfad Nordschwarzwald einen Volltreffer gelandet. Auf einer 2,4 km langen Strecke haben die nackten Fußsohlen direkten Kontakt mit Gras und Erde, Kieselsteinen, Laub, Sand und Moos, Bachbetten, Matsch und Pfützen. Natürlich ist das alles auch sehr gesund, aber der Spaß steht im Vordergrund und es entsteht eine kreischende Fröhlichkeit, besonders dann, wenn ganze Schulklassen einfallen. Spiel- und Picknickplätze mit phantasievoll gestalteten Details bilden den Rahmen zu diesem prickelnden und kitzelnden Familienerlebnis.

Und nicht zuletzt sei darauf hingewiesen, daß der Spaß ganz kostenfrei ist, es wird nämlich kein Eintrittsgeld erhoben.

Dornstetten-Hallwangen liegt östlich von Freudenstadt, nahe der B 28 in Richtung Altensteig. Der Barfußpark ist von Mai bis Oktober geöffnet.

Dornstetten, Barfußpark (© Tourist-Information Dornstetten)

60 Vom Kaltenbronn zu den Mooren um Wildsee und Hohloh

Verkehrsmöglichkeiten Busverbindungen in Richtung Gernsbach und Bad Wildbad.
Parkmöglichkeiten Wanderparkplatz etwa 200 Meter oberhalb des Hotels Sarbacher.
Wegmarkierungen Örtliche Wegweiser zum Wildsee, rote Raute mit weißem Balken (Mittelweg) bis Kaltenbronn, blaue Raute mit weißem Balken bis Parkplatz Schwarzmiß, rote Raute (Westweg) zum Hohlohturm und weiter bis Einmündung in den Mittelweg, damit zurück nach Kaltenbronn.
Tourenlänge 13 Kilometer, siehe jedoch Anmerkung.
Wanderzeit 3½ Stunden.
Höhenunterschiede Insgesamt etwa 200 Höhenmeter.
Wanderkarte 1:50 000 Blatt 3 Bad Wildbad – Freudenstadt.
Wissenswertes Der *Kaltenbronn* ist ein beliebter Wintersportort mit Abfahrtshang (Liftbetrieb) und Loipen. – Wildsee siehe auch Tour 58. – Die einzigartige Moorlandschaft um den Kaltenbronn wäre ohne Besucherlenkung bedroht. So wurde z. B. der Bohlenweg zwischen Prinzenhütte und Hohlohsee abgebaut. Der Hohlohturm ist ständig geöffnet und bietet eine großartige Rundsicht.
Anmerkung Wie ein Blick auf die Kartenskizze zeigt, läßt sich die Rundwanderung leicht in zwei Touren von neun und vier Kilometern Länge und jeweils etwa 100 Höhenmeter aufteilen. Die

Bohlen und Schwellen der Moorwege können bei Nässe oder Frost rutschig werden. Vorsicht!

Tourenbeschreibung Vom Parkplatz (875 m) aus folgen wir kurz dem Mittelweg in Richtung Bad Wildbad, gehen aber bei dessen Abzweig in Höhe eines Rotwildgeheges geradeaus weiter und folgen dem breiten Waldweg (Wegweiser Wildsee) bis zur *Leonhardhütte*. Hier beginnt der gut zwei Kilometer lange Bohlen- und Schwellenweg durch die Urlandschaft des Hochmoores. Rechts liegt der Wildsee, links der kleinere Hornsee.

Am Ende des Weges münden wir wieder in den Mittelweg ein, dem wir nach links entlang eines Bannwaldes folgen (Wegweiser Kaltenbronn 5 km).

Der *Altlochkarblick* bietet einen schönen Rastplatz mit origineller Schaukelbank. Der Mittelweg, lückenlos markiert, führt zum *Kaltenbronn* zurück, wo sich die erste Runde schließt. Direkt beim Parkplatz beginnt der Anstieg zum Schwarzmiß (935 m). Der schmale Pfad folgt einem Wasserlauf, quert einmal die Straße und folgt ihr das letzte Wegstück. Links zeigt sich ein fast gespenstisches Waldbild, das »Lothar« 1999 hinterlassen hat.

Unübersehbar ist der *Hohlohturm*, den wir auf direktem Weg ansteuern. Vom Turm aus folgen wir noch kurz der roten Raute (Westweg), bis wir nach wenigen Minuten nach links in den Mittelweg einmünden (Wegweiser Kaltenbronn 2 km). Wir queren das Hochmoor um den Hohlohsee wieder auf einem Bohlenweg, dann geht es kurz und steil hinab zum *Kaltenbronn*.

Gernsbach-Kaltenbronn, Naturschutzgebiet beim Hohlohsee (© Bernd Kottal)

Hohlohsee (© Ulrich Schnabel)

61 Von Enzklösterle zum Hohloh

Verkehrsmöglichkeiten Busverbindungen in Richtung Bad Wildbad, Freudenstadt und Pforzheim.
Parkmöglichkeiten In der Ortsmitte bei der Kurverwaltung.
Wegmarkierungen Blaue Raute bis Kaltenbronn, örtliche Wegmarkierungen zum Hohloh, rote Raute (Westweg) bis Prinzenhütte, rote Raute mit weißem Balken (Mittelweg) bis Toter Mann, gelber Balken bis Rombachhof, örtliche Markierung »4« bis Rohnbach, blaue Raute bis Enzklösterle.
Tourenlänge 19 Kilometer. **Wanderzeit** 5 Stunden.
Höhenunterschiede Insgesamt etwa 500 Höhenmeter, kräftiger Anstieg zu Beginn der Wanderung ab Enzklösterle.
Wanderkarte 1:50 000 (SWV) Blatt 3 Bad Wildbad-Freudenstadt, 1:30 000 KOMPASS Wanderkarte Nr. 872.

Enzklösterle (© Bernd Kottal)

Wissenswertes Beim einsam gelegenen früheren Forsthaus Rombachhof erinnert ein schlichter Gedenkstein an eine nie aufgeklärte Mordtat. In der Nachkriegszeit, am 25. 4. 1945, wurden in dem Gebäude 10 Zivilpersonen, darunter Frauen und Kinder, auf grausame Art umgebracht. In Rohnbach berührt unser Weg ein Kulturdenkmal, die uralte Rußhütte (täglich geöffnet).

Tourenbeschreibung Die blaue Raute weist uns den Weg steil bergan über die *Gernsbacher Steige* in Richtung Kaltenbronn. Der Weg gabelt sich mehrfach und verschiedene örtliche Ski- und Wanderwegzeichen weisen nach Kaltenbronn. Wir bleiben auf dem Schwarzwaldvereinsweg (Volz-Weg) und erreichen über eine aussichtsreiche Anhöhe den bekannten Wintersportort *Kaltenbronn*. Ein kurzes Stück geht es hier entlang der Fahrstraße, dann zeigen örtliche Wegweiser den direkten Zugang zu *Hohlohsee* und *Hohlohturm*. Es lohnt sich, die 161 Stufen zur Tausendmetergrenze auf der Turmkrone hinaufzusteigen, um den umfassenden Rundblick über den Nordschwarzwald zu genießen.

Nun folgen wir der roten Raute (Westweg) bis zur *Prinzenhütte*. Unser Weiterweg ab Prinzenhütte folgt der roten Raute mit weißem Balken (Mittelweg) bis zur Weggabelung *Toter Mann* (917 m, Informationstafel zur Problematik des Waldsterbens, Abzweig St. Anton – Forbach). Hier verlassen wir den Mittelweg nach links und folgen der örtlichen Markierung gelber Balken. Kurz nach der nächsten Wegkreuzung verläßt unser Weg die

Hohlohturm (© Reinhard Distel)

Hochfläche, dabei ist genau auf die Markierung gelber Balken zu achten. Der Weg zieht hinab zum *Rohnbachtal*, das wir bei der Hirschbrunnenhütte (764 m, Brunnen, Sitzbank) betreten. Talabwärts passieren wir den Rombachhof (siehe Anmerkung) und im Unterlauf den Kohlplatz, wo in den Sommermonaten der Holzkohlenmeiler schwelt.

In *Rohnbach* stoßen wir wieder auf die blaue Rautenmarkierung, die dem Talrand folgend nach *Enzklösterle* zurückführt.

62 Von Enzklösterle-Gompelscheuer zum Nagoldursprung und nach Simmersfeld

Verkehrsmöglichkeiten Busverbindungen in Richtung Freudenstadt, Besenfeld, Calw und Wildbad.
Parkmöglichkeiten Beim ehemaligen Gasthof Enzursprung.
Wegmarkierungen Blaue Raute.
Tourenlänge 21 Kilometer. **Wanderzeit** 5 Stunden.
Höhenunterschiede Insgesamt etwa 380 Höhenmeter.
Wanderkarte 1:50 000 (SWV) Blatt 3 Bad Wildbad-Freudenstadt.
Wissenswertes *Enzklösterle* siehe Tour 64. – Der *Poppelsee* ist ein alter Triebsee für die Flößerei, die im Enztal von großer Bedeutung war. Eine interessante Broschüre über die alten Waldberufe hält die Kurverwaltung in Enzklösterle bereit. Die Rundwanderung führt dicht an der Nagoldquelle vorbei. Der Fluß entspringt in 811 Metern Höhe und mündet nach 91 Kilometern bei Pforzheim in die Enz.

Waldköhlerei im Oberen Enztal bei Enzklösterle-Gompelscheuer
(© Ulrich Schnabel)

Tourenbeschreibung An einem alten Gebäude neben dem ehemaligen Gasthof Enzursprung stoßen wir auf die blaue Raute, der Wanderweg gabelt sich schon nach wenigen Schritten. Wir wenden uns nach rechts (Wegweiser Poppeltal) und erreichen den kleinen Weiler (Wegweiser zur Riesenrutschbahn). Beim Kiosk queren wir die junge Enz (Wandertafel im Rückblick beim Brückchen). Nun folgt der steile Anstieg hinauf nach *Urnagold*. Wenige Schritte führen zur Nagoldquelle (Rastplatz, Informationstafel). Unser gut markierter Wanderweg quert die Fahrstraße und führt am Wanderheim vorbei nach *Eisenbach*.

In der Ortsmitte (Brunnen, Sitzbänke, Kinderspielplatz) zweigt der Weg links ab (Wegweiser Fünfbronn – Simmersfeld 7,5 km). Über das Morgental wandern wir hinüber zur Rodungsinsel um *Fünfbronn*. Beim letzten Gebäude, in Höhe der Ortstafel von Fünfbronn, zweigt der Wanderpfad scharf rechts ab (Markierung an Kirschbaum beachten) und zieht nach *Simmersfeld* hinüber.

Hier verlassen wir gleich am Ortsrand die Fahrstraße nach links, folgen mit der örtlichen Wegmarkierung »5« dem Waldrand zum Sportgelände und weiter dem Panoramaweg bis zum Ortsrand, wo sich der direkte Abstieg nach Gompelscheuer anbietet (Wegweiser und Markierung 2/13).

63 Von Enzklösterle-Gompelscheuer über den Schramberg zum Kaltenbacher See

Verkehrsmöglichkeiten Busverbindungen in Richtung Freudenstadt, Besenfeld, Calw und Wildbad.
Parkmöglichkeiten Beim ehemaligen Gasthof Enzursprung.
Wegmarkierungen Blaue Raute bis Schramberg, rote Raute mit weißem Balken (Mittelweg) bis Ebert-Hütte, blaue Raute bis Gompelscheuer.
Tourenlänge 15 Kilometer. **Wanderzeit** 4 Stunden.
Höhenunterschiede Insgesamt etwa 250 Höhenmeter, steiler Anstieg zu Beginn der Rundwanderung zwischen Gompelscheuer und Barongartenhütte.
Wanderkarte 1:50 000 (SWV) Blatt 3 Bad Wildbad-Freudenstadt.
Wissenswertes *Poppeltal* mit einer 1500 Meter langen Riesen-Rutschbahn. – Im *Rohnbachtal* bei Enzklösterle gibt es eine Demonstrations-Köhlerei zu besichtigen.

Waldköhlerei im Oberen Enztal (© Ulrich Schnabel)

Tourenbeschreibung In der Mitte des kleinen Weilers *Gompelscheuer* entdecken wir bei der Brücke die Markierungen des Zugangsweges, die in Richtung Schramberg-Blockhütte weisen. Nach kräftigem Anstieg wird die Barongartenhütte in 850 Meter Höhe erreicht. Bald wird der Weg flacher und führt sehr bequem zur Blockhütte auf dem *Schramberg* (Arnsperger-Gedenkstein der Murgschifferschaft Gernsbach, Pumpbrunnen, Feuerstelle). Wir folgen nun dem Mittelweg nach Süden, überschreiten die *Kaltenbachhöhe* (886 m) und wandern bis zur Wegkreuzung *Auf dem Berg* (886 m) bei der Neuhaushütte. Unterwegs bietet sich immer wieder eine schöne Aussicht über das Murgtal zur Hornisgrinde.

Bei der Neuhaushütte verlassen wir den Mittelweg nach links. Ein idyllischer Waldpfad zieht hinab zum 2 Kilometer entfernten und sehr still gelegenen *Kaltenbachsee* (Schwellsee der Flößerei aus dem 17. Jh.). Durch ein schönes Tälchen leitet uns die blaue Raute zurück nach Gompelscheuer.

Frühling im Schwarzwald (© Bernd Kottal)

64 Der Urwald-Erlebnispfad Bärlochkar in Enzklösterle

Mehr als 100 Hektar Bannwald umgeben den Erlebnispfad durch den Urwald von morgen. Seit zehn Jahren wird hier kein Baum mehr gefällt, das Altholz bleibt liegen, zerfällt und bildet den Lebensraum für unzählige Tier- und Pflanzenarten.

Der Name Bärlochkar erinnert an längst vergessene Zeiten, denn der letzte Bär auf württembergischem Boden wurde im Jahre 1585 erlegt. Der Wanderer erfährt unterwegs, welches Alter die einzelnen Baumarten erreichen können (Buche 500, Tanne 600 Jahre). Aber Borkenkäfer und Blitzschlag, Schneebruch und Stürme lassen nur wenige Veteranen überleben. Allein den Orkanen Wiebke (1990) und Lothar (1999) fielen 136 000 bzw. 240 000 Festmeter Holz im Bezirk Enzklösterle zum Opfer.

Der Erlebnispfad wurde im Jahre 2002 eingerichtet und führt über drei Kilometer durch den Bannwald. Gut gestaltete Informationstafeln erklären die Kare als Überbleibsel der letzten Eiszeit, die vor ca. 10 000 Jahren zu Ende ging. Uralte Bäume säumen den Weg, gefallene Riesen liegen quer und werden buchstäblich überbrückt. Der schmale Pfad schlängelt sich auf zumeist teppichweichem Grund durch den Wald, so würde man sich alle Wanderwege wünschen!

Von Enzklösterle aus fährt man in Richtung Freudenstadt bis zur Bushaltestelle Mittelenztal. Hier biegt die Ronbachstraße rechts ab. Wir folgen ihr bis zum Haus 44, biegen hier nach links ab und erreichen schnell den Wanderparkplatz am Waldrand. Hier beginnt der ansteigende Zugangsweg, der in 30 Minuten zum Beginn des mit einem Bärentatzen-Symbol markierten Erlebnispfades führt. Die Kurverwaltung Enzklösterle hält ein interessantes Faltblatt bereit.

In der Ortsmitte von Enzklösterle entstand ebenfalls im Jahre 2002 der Adventure-Golfplatz, ein neuartiges und abenteuerliches Minigolferlebnis. Zusammen mit dem Erlebnispfad kann sich ein »runder Familienspaß« ergeben.

65 Von Altensteig durch das Zinsbachtal nach Kälberbronn und zum Nagold-Stausee Erzgrube

Verkehrsmöglichkeiten Busverbindungen nach Freudenstadt, Nagold-Herrenberg, Besenfeld, Simmersfeld und Wildbad.
Parkmöglichkeiten Bei den Tennisplätzen am westlichen Stadtrand, Zufahrt nach Beschilderung »Oberes Tal«.
Wegmarkierungen Schwarz-rote Raute (Ostweg) bis Zinsbachmühle, gute örtliche Wegweiser bis Waldsägmühle, blaue Raute über Erzgrube bis Altensteig.
Tourenlänge 28 Kilometer. **Wanderzeit** 7 Stunden.
Höhenunterschiede Insgesamt etwa 260 Höhenmeter, angenehmer Anstieg durch das Zinsbachtal.
Wanderkarte 1:50 000 (SWV) Blatt 3 Bad Wildbad-Freudenstadt.

Altensteig (© Ulrich Schnabel)

Seewald
Schorrental
Hochdorf
Göttelfingen
Omersbach
Lengenloch
Heselbronn
Altensteigdorf
Monhardt
Alten-
steig
Walddorf
Egenhausen
Spielberg
Garrweiler
Zinsbach-
wiesen
Fischhaus
Kohlsägmühle
Grömbach
Wörnersberg
Reesenmühle
Zinsbach
Schornshart
Zinsbachmühle
Nagold
ehem.
Schernbacher
Sägmühle
Schernbach
Nagold-
Stausee
B 294
Erzgrube
Hart
NSG
Große Tannen
730 m
Weiler
Oberes
Stutztal
Igelsberg
Kälberbronn
Edelweiler
Stutzwald
Hotel
Waldsägmühle
Wald
Durrweiler
Pfalzgrafen-
weiler
Bösingen
Beihingen
Tann
Waldach
Haiterbach
0
1
2 km
N

Wissenswertes *Altensteig* im oberen Nagoldtal ist ein altes Bergstädtchen mit sehenswertem Stadtbild, das vom Schloß der Grafen von Hohenberg aus dem 13. Jahrhundert überragt wird. Die Erzgrube dient als Talsperre der Wasserregulierung der Nagold und faßt 5,6 Millionen Kubikmeter. Seit der Erbauung der Staustufe (1970) ist die Erzgrube ein beliebter Treffpunkt für Wassersportler (Baden, Surfen, Segeln, Paddeln). An schönen Sommertagen muß mit großem Andrang gerechnet werden. – Naturschutzgebiet »Große Tannen« siehe Tour 56.

Tourenbeschreibung Durch das Erholungsgebiet *Oberes Tal* (Minigolf, Tennisplätze, Liegewiese, Kneippanlage) wandern wir hinaus ins Zinsbachtal, dabei ist die Wegmarkierung schwarz-rote Raute des Ostwegs Pforzheim-Schaffhausen unser sicherer Begleiter. Der reizvolle Weg passiert einige Mühlen, und bei der *Zinsbachmühle* verlassen wir den Ostweg, der nach Pfalzgrafenweiler hinaufzieht. Wir bleiben auf dem Zinsbachtalweg, folgen den guten örtlichen Markierungen und dem nun enger werdenden Tal, queren das Fahrsträßchen nach Edelweiler und erreichen schließlich das *Hotel Waldsägmühle*.

Direkt beim *Parkplatz Waldsägmühle* beginnt der leichte Anstieg, der sich dicht an der Straße hält und zum Wanderparkplatz *Große Tannen* (730 m) hinaufzieht. Die blaue Raute zeigt

Am Nagoldstausee (© Bernd Kottal)

den Weiterweg durch das kleine Naturschutzgebiet (Bannwald) und den Abstieg zur *Erzgrube* an. Entlang des Stausees führt der Wanderweg weiter und folgt dem Nagoldtal an einigen Mühlen vorbei bis Altensteig.

66 Von Rohrdorf zum Egenhäuser Kapf

Verkehrsmöglichkeiten Busverbindungen in Richtung Nagold, Altensteig und Freudenstadt.
Parkmöglichkeiten In der Ortsmitte von Rohrdorf.
Wegmarkierungen Gäurandweg (Hagebutte) bis Egenhäuser Kapf, blau-gelbe Raute bis Rohrdorf.
Tourenlänge 14 Kilometer. **Wanderzeit** 3½ Stunden.
Höhenunterschiede Insgesamt etwa 300 Höhenmeter.
Wanderkarte 1:50 000 (SWV) Blatt 3 Bad Wildbad-Freudenstadt.

Tourenbeschreibung Am Gebäude der Sparkasse in Rohrdorf entdecken wir die Wandertafel des Schwarzwaldvereins (Kapf 5,5 km). Über die Walddorfer Straße und den Bachenweg beglei-

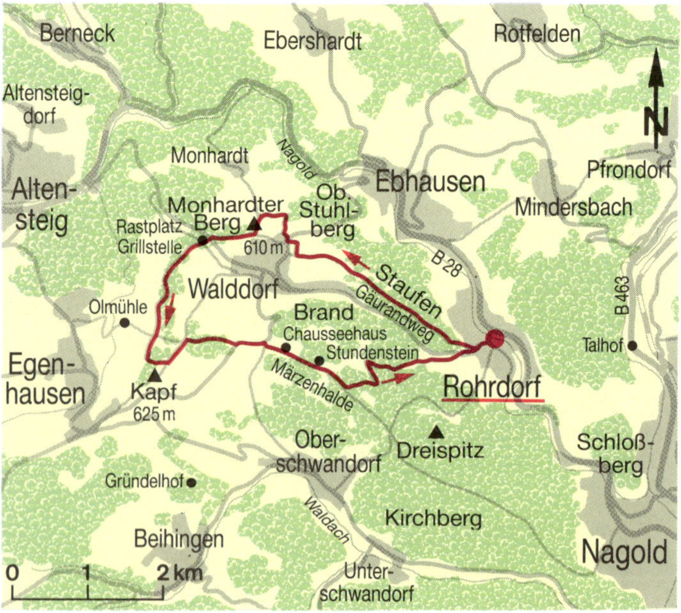

tet uns die grüne Hagebutte zum Ortsrand. Der kurze steile Anstieg führt am Hochbehälter vorbei zum Waldrand und hinüber nach *Walddorf*. In Höhe der Ortstafel wird die Fahrstraße gequert. Wir folgen einem befestigten Landwirtschaftsweg, aber schon nach wenigen Minuten ist genau auf die Markierung zu achten, denn der Wanderweg biegt nach links vom Hauptweg ab und zieht zu einem freien Aussichtspunkt hinauf. Nach Queren der Fahrstraße Walddorf-Altensteig bietet sich ein Grill- und Rastplatz an (Distrikttafel Bernecker Löchle). Der Weiterweg führt zum Fuße des *Egenhäuser Kapf* (Wegweiser Rohrdorf nach links 5,5 km). Man darf aber nicht versäumen, der Hagebuttenmarkierung bis zur höchsten Stelle des Kapf (625 m) zu folgen. Eine imposante Rundsicht lohnt den kleinen Umweg.

Am Freizeitheim der Ev. Landeskirche vorbei – den Sendemast im Rücken – gehen wir etwa 400 Meter zurück bis zu einer sechsfachen Wegspinne (Talacker). Hier zeigt dann die blau-gelbe Raute den Weiterweg in Richtung Rohrdorf an. Kurz vor dem *Chausseehaus* (Gasthaus Grüner Baum) betreten wir die Fahrstraße, folgen ab Gasthaus für 700 Meter der Zufahrt zur Mülldeponie (alter Stundenstein links des Weges), biegen dann aber links ab und folgen der Rautenmarkierung bis *Rohrdorf*.

67 Vom Kühlenberg nach Nagold

Verkehrsmöglichkeiten Keine günstige Verbindung mit öffentlichen Verkehrsmitteln.
Parkmöglichkeiten Wanderparkplatz Heiligenwald. Zufahrt ab Straße Sulz am Eck-Oberjettingen der Beschilderung Höhenhöfe folgend. Dort rechts abbiegen, der Wanderparkplatz liegt etwas versteckt rechts des Fahrweges.
Wegmarkierungen Gelb-blaue Raute bis Nagold, Hagebutte (Gäurandweg) bis Ausgangspunkt.
Tourenlänge 14 Kilometer.
Wanderzeit 3½ Stunden.
Höhenunterschiede Insgesamt etwa 300 Höhenmeter, verteilt auf mehrere kürzere Anstiege.
Wanderkarte 1:50 000 (SWV) Blatt 3 Bad Wildbad-Freudenstadt.

Tourenbeschreibung An der Waldecke zeigt ein Wegweiser zum *Kühlenberg*. Wir passieren den Wasserturm und wandern zu den Sportanlagen hinüber. Der Waldweg zieht nun talwärts in Richtung Emmingen, und trotz der lückenlosen Wegmarkierung ist

Aufmerksamkeit geboten, denn der Pfad wechselt mehrfach seine Richtung.

Am Waldrand über Emmingen, am Beginn des befestigten Weges, biegt die blau-gelbe Markierung nach links ab, führt am Sportplatz vorbei und folgt dem schönen Herbert-Beilharz-Weg zum *Jugenddorf Nagold*. Hinter den Gebäuden steigt der Weg etwas an und zieht dann am Eisberg entlang durch eine Wohnstraße zum Stadtrand von *Nagold*.

Am Beginn einer Garagenreihe (rechts Kinderspielplatz) stoßen wir auf die Hagebuttenmarkierung des Gäurandweges. Es geht steil hinauf und schließlich entlang einer ehemaligen Militäranlage auf die Hochfläche des Gäus hinaus. Immer dem Gäurandweg folgend geht es hinüber zum weithin sichtbaren Wasserturm, der rechts umgangen wird. Unser Ziel- und Ausgangspunkt wird auf befestigten Feldwegen über die freie Feldfläche erreicht. Auf diesem Wegstück bietet sich eine fast uneingeschränkte Rundsicht zur Schwäbischen Alb und zum Nordschwarzwald.

68 Das Naturschutzzentrum Ruhestein an der Schwarzwaldhochstraße

Das Naturschutzzentrum wurde im Herbst 1997 gegründete und im Oktober 1998 mit der Fertigstellung seiner Dauerausstellung offiziell eröffnet. Träger sind das Land Baden-Württemberg, die Landkreise Ortenau und Freudenstadt sowie die Gemeinden Seebach und Baiersbronn.

Das Zentrum befindet sich direkt an der Schwarzwaldhochstraße (B 500) auf dem Ruhestein. Die Zufahrt ist beschildert, es bestehen gute Busverbindungen in Richtung Freudenstadt, Baiersbronn und Ottenhöfen.

Die Dauerausstellung gibt einen interessanten Einblick in die Geschichte des Schwarzwalds von der Urzeit bis heute. Die alten Waldgewerbe sowie die vielfältige Nutzung des Holzes und der Raubbau früherer Zeiten werden anschaulich dargestellt. Auch werden die unübersehbaren Spuren des Massentourismus aufgezeigt. Jeder Besucher soll aufgeklärt und dazu angehalten werden, mit der gefährdeten Landschaft schonend umzugehen.

Ein umfangreiches Jahresprogramm bietet Seminare, Workshops, Kindertage und viele interessante Führungen an. Ob Pilzexkursionen, Wanderungen durch den Bannwald oder das Kennenlernen von Vogelstimmen, jeder Wanderer und Naturfreund findet eine Fülle von Anregungen, sein Wissen zu vertiefen. Das Jahresprogramm liegt in Heftform beim Naturschutzzentrum kostenlos auf.

69 Um die Erzgrube im oberen Nagoldtal

Verkehrsmöglichkeiten Busverbindungen in Richtung Freudenstadt.
Parkmöglichkeiten In Seewald-Erzgrube am Stausee gegenüber der Kirche.
Tourenlänge 7 Kilometer.
Wanderzeit 2 Stunden.
Höhenunterschiede Keine nennenswerte Steigung.
Wanderkarte 1:50 000 Blatt 3 Bad Wildbad – Freudenstadt.
Wissenswertes Der *Stausee Erzgrube* wurde in den Jahren 1965–1970 als Rückhaltebecken für Hochwasser gebaut und faßt 5,6 Millionen Kubikmeter. Der Vorsee hat sich schnell zu einem Anziehungspunkt für den Tourismus entwickelt (Baden, Surfen, Paddeln). An schönen Sommertagen ist das Ufer oft dicht belagert.

Anmerkung Eine Broschüre des Landesverbandes für Körper- und Mehrfachbehinderte empfiehlt Wanderwege für Rollstuhlfahrer in Baden Württemberg, darunter auch den Weg um die Erzgrube . Anschrift: Haußmannstr. 6, 70188 Stuttgart.

Tourenbeschreibung Der Rundweg beginnt in *Seebach-Erzgrube* und ist leicht zu beschreiben. Ein schöner Weg führt am Nordufer des Stausees entlang, der Rückweg folgt dem Fußweg entlang der Fahrstraße und ist an verkehrsreichen Tagen weniger angenehm. Es sollte dann die Nordseite auch für den Rückweg gewählt werden.

70 Vom Ruhestein nach Baiersbronn

Verkehrsmöglichkeiten Busverbindungen in Richtung Baiersbronn, Freudenstadt und Ottenhöfen.
Parkmöglichkeiten Große Parkflächen am Ruhestein.
Wegmarkierungen Rote Raute (Westweg) bis Seekopf, blaue Raute mit weißem Balken bis Baiersbronn.
Tourenlänge 17 Kilometer, bei Benutzung des Sesselliftes am Ruhestein etwa 15 Kilometer.
Wanderzeit 4 Stunden.
Höhenunterschiede Insgesamt etwa 230 Höhenmeter, davon entfallen 120 Höhenmeter auf die Liftstrecke.

Wanderkarte 1:50 000 Blatt 2 Baden-Baden – Hornisgrinde.
Wissenswertes *Ruhestein* siehe Tour 68 und 72, *Baiersbronn* siehe Tour 32.
Anmerkung Es besteht eine direkte Busverbindung vom Bahnhof Baiersbronn zum Ruhestein. Da die Busfolge besonders an Werktagen dünn ist, sollte vor Antritt der Wanderung die Rückfahrt geplant werden.

Tourenbeschreibung Der Anstieg zum Seekopf folgt der roten Raute des Westweges in weitem Bogen über den Skihang, wenn man es nicht vorzieht, die 120 Höhenmeter im Sessellift sanft hinaufzuschweben.

Am *Seekopf* (1035 m) übernimmt dann die blaue Raute mit weißem Balken die Führung (Wegweiser Baiersbronn 14 km). Ein anfänglich uriger Pfad zieht in fast gleichbleibender Höhe zum *Pfälzerkopf* (1012 m) und über *Schlangenkirche* (981 m) zum *Dreirevierstein* (961 m). Hier biegen wir rechts ab und folgen einem sehr schönen Wanderpfad, der aber bald auch wieder in einen breiten Fahrweg mündet. Unser Weiterweg bietet mehrmals gut bezeichnete Varianten über Mitteltal und Tonbach an, steigt vor dem Punkt *Elme* (900 m) noch einmal kurz an und zieht dann stellenweise steil hinab zum *Sattelei* (706 m, Wegspinne, Laufbrunnen, Schutzhütte). Örtliche Wegweiser zeigen den kleinen Umweg zum *Rinkenturm* an (1,5 km). Von der Turmkrone aus

(© Baiersbronn Touristik)

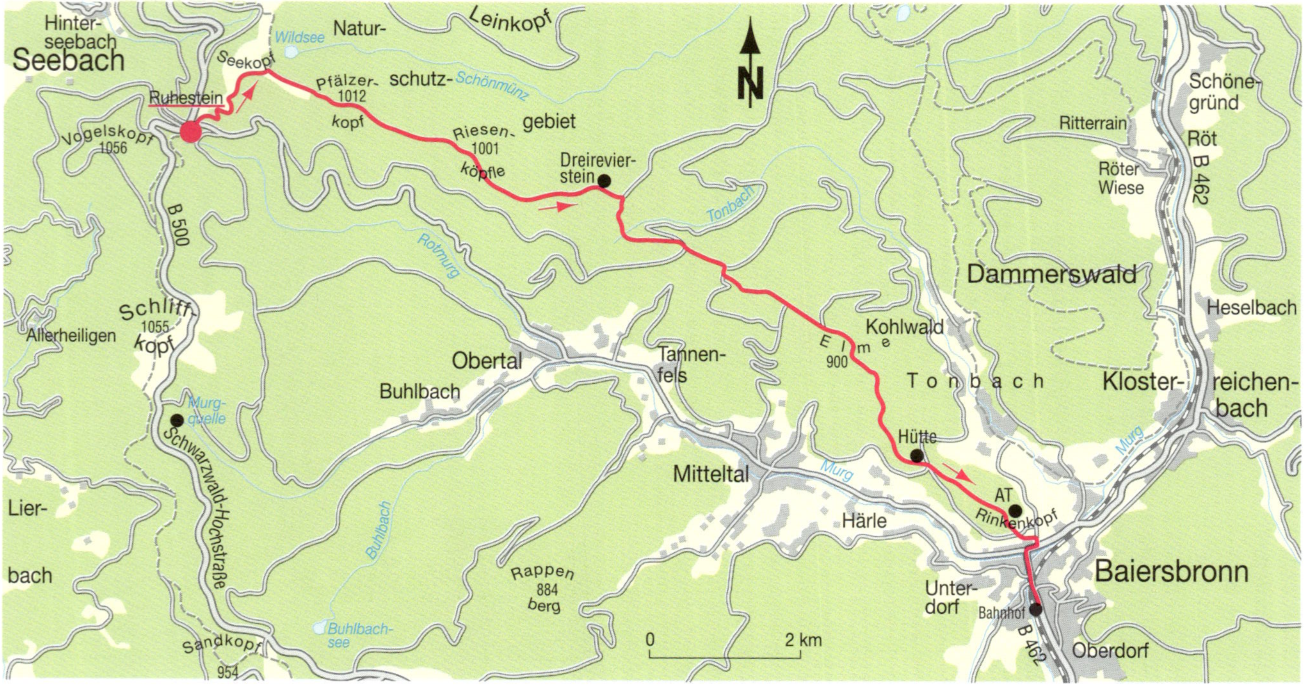

Hinter-
seebach
Seebach
Wildsee
Natur-
Leinkopf
Seekopf
Ruhestein
Pfälzer-
1012
kopf
schutz-
Schönmünz
gebiet
Riesen-
1001
köpfle
Vogelskopf
1056
Dreirevier-
stein
Tonbach
B 500
Rotmurg
Schliff-
1055
kopf
Allerheiligen
Obertal
Buhlbach
Murg-
quelle
Schwarzwald-Hochstraße
Tannen-
fels
Mitteltal
Murg
Härle
Elme
900
Kohlwald
Tonbach
Hütte
AT
Rinkenkopf
Dammerswald
Ritterrain
Röter
Wiese
Schöne-
gründ
Röt
B 462
Heselbach
Kloster-
reichen-
bach
Baiersbronn
Unter-
dorf
Bahnhof
Oberdorf
Lier-
bach
Buhlbach
Buhlbach-
see
Rappen
884
berg
Sandkopf
954
0
2 km
N

bietet sich ein schöner Blick über die weite Murgtallandschaft um Baiersbronn. Noch einmal geht es steil hinab, dann führt ein Fußweg über die *Murg* und zur Ortsmitte zurück.

71 Der Schliffkopfrundweg an der Schwarzwaldhochstraße

Verkehrsmöglichkeiten Busverbindungen über Kniebis und Freudenstadt.
Parkmöglichkeiten Wanderparkplatz Steinmäuerle, nach der Zufahrt zum Hotel Schliffkopf nächster Parkplatz in Fahrtrichtung Freudenstadt.
Wegmarkierungen Roter Ring.
Tourenlänge 4 Kilometer. **Wanderzeit** 1 Stunde.
Höhenunterschiede Insgesamt etwa 60 Höhenmeter.
Wanderkarte 1:50 000 Blatt 2 Baden-Baden – Hornisgrinde.
Wissenswertes Die berühmte *Schwarzwaldhochstraße* (B 500) verbindet Freudenstadt mit Baden-Baden, ist etwa 60 Kilometer lang und gilt als die älteste deutsche Touristikstraße. Sie verläuft über weite Strecken nahe der 1000 Meter-Grenze und bietet eine großartige Panoramaschau. Entlang der Hochstraße wurden für diesen Wanderführer drei kürzere und besonders lohnende Rundtouren ausgewählt, die auch für Spaziergänger geeignet sind, die sich keine größeren Wanderungen zumuten können (siehe auch Tour 44 und 72).

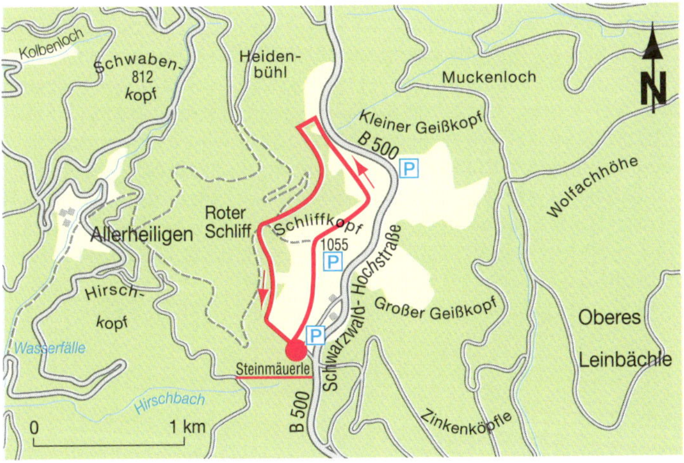

Heidelbeer-Pflücker (© Klaus Puntschuh)

Tourenbeschreibung Unser Rundweg beginnt genau in 1000 Meter Höhe beim *Parkplatz Steinmäuerle*, nahe der Murgquelle. Er biegt schon nach wenigen Schritten rechts ab und steigt gemeinsam mit dem Westweg Pforzheim – Basel (rote Raute) zum flachen Gipfelplateau des *Schliffkopf* (1055 m) hinauf. Eine Panoramatafel erklärt die gewaltige Rundschau, die bis zu den Schweizer Alpen reicht. Nichts erinnert an die Flakstellung im 2. Weltkrieg an dieser exponierten Stelle und die Feststellung »Grausame Wälder, nichts als Klipp und Fels, in die man wohl hineinkäme, aber nicht mehr herausfinde«, stammt aus einer Urkunde des Jahres 1679. Der Weiterweg in Richtung Ruhestein passiert einen Gefallenen-Gedenkstein (Panoramablick nach Osten über das Wäldermeer des Nordschwarzwaldes) und folgt einem schmalen Pfad. Nach 30 Minuten Gehzeit seit Steinmäuerle verlassen wir den Westweg nach links (Sitzbank, Markierung Roter Ring) und münden in den Rückweg ein. Wieder fast genau der 1000-Meter-Linie folgend schließt sich diese kleine, aber feine Rundtour.

72 Der Vogelskopf-Rundweg am Ruhestein

Verkehrsmöglichkeiten Busverbindungen zum Ruhestein aus Richtung Oppenau, Achern, Freudenstadt und Baiersbronn.
Parkmöglichkeiten Wanderparkplatz Vogelskopf, vom Ruhestein aus ein Fahrkilometer in Richtung Schliffkopf-Freudenstadt.
Wegmarkierungen Blauer Ring.
Tourenlänge 6 Kilometer.
Wanderzeit 1½ Stunden.
Höhenunterschiede Insgesamt etwa 160 Höhenmeter.
Wanderkarte 1:50 000 Blatt 2 Baden-Baden – Hornisgrinde.
Wissenswertes Der *Ruhestein* verdankt seinen Namen einer großen Steinplatte, die einst die Grenze zwischen dem Großherzogtum Baden und dem Königreich Württemberg markierte. Hier ruhten die Händler aus, die mit Obst und Wein aus dem Achertal oder Produkten der Glashütten unterwegs waren.
Anmerkung Der Rundweg vermittelt auch Spaziergängern einen schönen Eindruck vom Nordschwarzwald, ohne daß große Höhenunterschiede bewältigt werden müßen, siehe auch Tour 44 und 71.

Tourenbeschreibung Die ersten 400 Meter des Rundweges sind wenig angenehm, denn sie folgen der vielbefahrenen Schwarzwaldhochstraße abwärts in Richtung Ruhestein (Gehspur rechts der Straße).

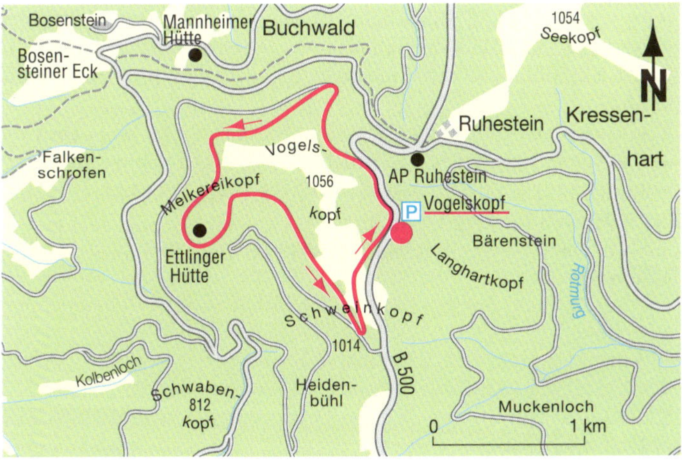

Kurz vor einer Rechtskurve queren wir die Straße und folgen dem ansteigenden Waldweg. An Sandstein-Aufschlüssen vorbei öffnen sich immer wieder schöne Ausblicke, bei einer Linkskehre schiebt sich die Hornisgrinde mit ihren Türmen ins Bild. Gleich nach der Kehre gabeln sich die Wege. Nach links führt uns eine leichte Steigung zum 1000-Meter-Weg hinauf, der steigungsfrei verläuft. Tief unter uns liegt das Seebachtal, in der »Bildmitte« ist sehr schön der »Karlsruher Grat« zu sehen (siehe Tour 38).
Bald darauf münden wir in den berühmten Westweg Pforzheim-Basel ein, der in spitzem Winkel nach links abzweigt. Der Anstieg, zusätzlich mit der roten Raute markiert, führt zum Ausgangspunkt zurück.

73 Der Quellenerlebnispfad in Bad Herrenalb

Das obere Albtal ab Bad Herrenalb zählt zu den schönsten Tälern des Nordschwarzwaldes, und der neue Quellenerlebnispfad will dazu verhelfen, das Wasser mit allen Sinnen zu erleben. Im Gegensatz zu manchen eher gleichförmigen und schnell langweilig werdenden Waldlehrpfaden gibt es hier eine Fülle von Anregungen, die an 16 Stationen angeboten werden. So wird entlang des drei Kilometer langen Weges immer wieder zum aktiven Mitmachen und Entdecken eingeladen. Da gilt es, eine Quelle in Gang zu setzen, dem Rauschen des Wildbaches zu lauschen, skurrile Baumformen zu entdecken und verschiedene Gesteinsformationen aufzuspüren. Unten im Talgrund liegt der »ewige Heuhaufen« in Form eines mächtigen Felsbrockens und gibt zunächst Rätsel auf. Am Wasserspielplatz mit Wasserrädern, Schutzhütte und Grillplatz bietet sich eine ausgedehnte Spiel- und Vesperpause an.

Gut gestaltete Informationstafeln begleiten den Weg, aber die ausführliche Broschüre, erhältlich beim Tourismusbüro Bad Herrenalb, bietet die beste Vorbereitung für einen Familien-Erlebnistag am Wasser.

Der Pfad endet bei der Plotzsägmühle, einer der ältesten Mühlen in weitem Umkreis. Der seltsame Name geht auf die alte Technik zurück, die den Sägebock auf den Stamm »herunterplotzen« ließ.

Ausgangspunkt des Erlebnispfades ist der Parkplatz oberhalb des Friedhofs von Bad Herrenalb. Der bezeichnete Abzweig in Richtung Gaistal findet sich am Ortsausgang von Bad Herrenalb in Richtung Dobel.

(© Ulrich Schnabel)

Der Quellenerlebnispfad läßt sich leicht in eine Rundwanderung ausdehnen. Man steigt in Höhe der Plotzsägemühle auf dem Fahrsträßchen sehr steil nach links an, passiert das Gasthaus Spechtschmiede und folgt weiter kurz ansteigend dem Waldrand (Wegweiser Richtung Gaistal). Auf der aussichtsreichen Hochfläche münden wir in den nach links führenden Wanderweg in Richtung Bad Herrenalb ein (blaue Raute). Beim Parkplatz Gäher Stich gabeln sich die Wege nach Bad Herrenalb noch einmal. Wir wählen den linken Abzweig und kommen so direkt ins Albtal und zum Ausgangspunkt zurück. Länge des Rundweges etwa acht Kilometer.

74 Wandern ohne Gepäck

Fernwanderungen mit Zelt und Rucksack über Tage und Wochen sind herrliche und unvergeßliche Unternehmungen, aber nicht für jedermann oder alle Altersklassen. Es hat auch seine Vorteile, mit leichter Rückenlast und ohne Sorgen um das Nachtquartier buchstäblich in den Tag hineinzuwandern, während das Gepäck vorauseilt und das Bett in einem guten Haus reserviert ist.

Der Nordschwarzwald bietet verlockende Möglichkeiten für diese Form des Wanderns, von denen hier eine kleine Auswahl vorgestellt wird.

Die drei großen Höhenwege:
Der *Westweg* von Pforzheim nach Basel ist 285 Kilometer lang und besteht schon seit mehr als 100 Jahren. Er führt über die höchsten Berge des Schwarzwaldes und bietet häufig ein grandioses Panorama. Der Westweg wird als schönster Fernwanderweg Deutschlands gepriesen.

Der *Mittelweg* von Pforzheim nach Waldshut ist 233 Kilometer lang, weist weniger Steigungen auf und bevorzugt die mittleren Höhenlagen. Wildbad und Freudenstadt sind die Hauptstationen dieses Weges, der sich im Nordschwarzwald über Schiltach, Furtwangen und Lenzkirch bis zum Hochrhein fortsetzt.

Der *Ostweg* von Pforzheim nach Schaffhausen am Rheinfall führt über 238 Kilometer entlang des Schwarzwald-Ostrandes zur Baar und über den Randen. Der Weg führt hinaus in die freie Landschaft und bietet sich auch für die späten Herbstwochen an, wenn die größte Hitze überstanden ist.

Alle drei Höhenwege sind im *Kompass-Wanderführer Höhenwege 1* ausführlich beschrieben.

Die meisten Hotels und Gasthöfe bieten Gepäcktransport zum nächsten Tagesquartier an. Ein Verzeichnis, das laufend aktualisiert wird, ist beim Schwarzwaldverein und bei Touristik Nördlicher Schwarzwald in Pforzheim (siehe Adressenverzeichnis Seite 174) erhältlich.

Auf der Fährte des Rothirsches führt eine Rundtour über 125 Kilometer oder 70 Kilometer rund um die Hornisgrinde.

Freudenstadt, Baiersbronn, Enzklösterle und die Schwarzwald-Hochstraße sind Stationen dieses Weges.

Auskunft über Unterkunft und Gepäcktransport bei Kongress-Touristik-Kur in 72250 Freudenstadt.

Der *Murgtalwanderweg* von der Quelle bis zur Mündung ist 95 Kilometer lang und beginnt nahe des Schliffkopf an der Schwarzwald-Hochstraße. Der Wanderweg führt über Baiersbronn und Forbach nach Gernsbach (60 km), kann aber über Gaggenau und Rastatt bis zur Mündung fortgesetzt werden.

Auskunft: Kultur- und Verkehrsamt 76593 Gernsbach.

Der *Ortenauer Weinpfad* führt ab Baden-Baden über eine Strecke von 100 Kilometern durch die gesegnete Wein- und Gartenlandschaft der Ortenau. Sasbachwalden, Oberkirch, Durbach, Offenburg und Gengenbach sind Stationen dieser Weinwanderung. Eine Beschreibung der Teilstrecken enthält der *Kompass Wanderführer Schwarzwald Mitte.*

Auskunft über Unterkunft und Gepäcktransport:
Touristikinformation 77656 Offenburg.

(© Ulrich Schnabel)

Bühler Mühle (© Michael Walke)

Anschriften-Verzeichnis

Verband Deutscher Gebirgs- und Wandervereine e.V.
Wilhelmshöher Allee 157–159, D-34121 Kassel

Deutsche Wanderjugend
Wilhelmshöher Allee 157–159, D-34121 Kassel

Schwarzwaldverein e.V.
Schloßbergring 15, D-79098 Freiburg

Deutsches Jugendherbergswerk
Bad Meinberger Straße 1, D-32760 Detmold

Touristenverein »Die Naturfreunde«
Bundesgruppe Deutschland e.V.
Hedelfinger Straße 17–25, D-70327 Stuttgart

Weitere Veröffentlichungen

Schwarzwald-Nordrandweg, Gäurandweg, Kandel-Höhenweg, Querweg Gengenbach – Alpirsbach, Querweg Rottweil – Lahr, Querweg Schwarzwald – Kaiserstuhl – Rhein, Querweg Freiburg – Bodensee, Hotzenwald-Querweg, Hochrhein-Querweg, Schwarzwald – Jura – Bodensee-Weg. Begangen und beschrieben von *Heinz R. Wittner*.

Wanderführer Schwarzwald Süd
Rund- und Streckenwanderungen zwischen Feldberg und Rhein.
Von *Wolfgang Benz*.

Wanderführer Schwarzwald Mitte
Rund- und Streckenwanderungen zwischen Kinzig, Ortenau und Feldberg.
Von *Wolfgang Benz*.

Radwanderführer Schwarzwald
Rund- und Streckentouren zwischen Pforzheim, Villingen-Schwenningen, Basel und Kehl. Von *Wolfgang Benz*.

Erlebnisurlaub Schwarzwald
Rad- sowie Wandertouren. Praktische und kulturelle Informationen sowie zahlreiche Ausflugstips. Von *Hildegard Frey* und *Wolfgang Benz*.

Wanderführer Pfalz
mit Wanderweg Deutsche Weinstraße. Rund- und Streckenwanderungen sowie Naturlehrpfade. Ausgewählt, begangen und beschrieben von *Wolfgang Benz*.

Erlebnisurlaub Pfalz
Rad- und Wandertouren. Zahlreiche praktische und kulturelle Informationen sowie zahlreiche Ausflugstips.
Von *Andreas Stieglitz*, *Heinz-Egon Rösch* und *Wolfgang Benz*.

Radwanderführer Pfalz – Rheinhessen
Rundtouren zwischen Mainz, Karlsruhe, Zweibrücken und Idar-Oberstein. Ausgewählt, abgeradelt und beschrieben von *Dr. Heinz Egon Rösch*.

Wanderführer Schwäbische Alb
Rundwanderungen quer über das Mittelgebirge mit seinen mal herben und mal idyllischen Landschaften. Ausgewählt, begangen und beschrieben von *Dieter Buck*.

Erlebnisurlaub Schwäbischer Wald
Rad- sowie Wandertouren. Zahlreiche praktische und kulturelle Informationen sowie zahlreiche Ausflugstips.
Von *Dieter Buck* und *Bernhard Widmann*.

Wanderführer Vogesen Süd
80 Rundwanderungen und 5 Stadtrundgänge in der Region zwischen St. Dié, Thann, Colmar und Sélestat. Ausgewählt, begangen und beschrieben von *Heinz R. Wittner*.

Wanderführer Vogesen Nord
77 Rundwanderungen in der Region Wissembourg (Weißenburg), Savergne und Sélestat. Ausgewählt, begangen und beschrieben von *Heinz R. Wittner*.

Wegweiser Auf Tour ...
Südliche Weinstraße
Pfalz-Süd · Elsaß-Nord
Grenzüberschreitend per pedes und per pedale zwischen Neustadt an der Weinstraße und Haguenau. Mit Lehrpfaden und Stadtrundgängen.
Von *Heinz R. Wittner*.

Radwanderführer Oberrhein Elsaß 1
Familienfreundliche Rund- und Streckentouren zwischen Heidelberg und Straßburg. Ausgewählt und beschrieben von *Heinz R. Wittner*, abgeradelt von *Christel*, *Heinz* und *Jürgen Wittner*.

Radwanderführer Oberrhein Elsaß 2
Familienfreundliche Rund- und Streckentouren zwischen Straßburg und Basel. Ausgewählt und beschrieben von *Heinz R. Wittner*, abgeradelt von *Christel*, *Heinz* und *Jürgen Wittner*.

Deutscher Wanderverlag

Deutsche Wanderjugend

DWJ

gemeinsam unterwegs

Die Deutsche Wanderjugend ist die Jugendorganisation des Verbandes Deutscher Gebirgs- und Wandervereine. Die jugendlichen Mitglieder von sechs bis 25 Jahren lernen aber nicht nur das jugendgemäße Wandern.

In der vielseitigen Gruppenarbeit werden Themen bevorzugt wie Laienspiel, Pantomime, Basteln, Werken, Diskussionen, Aktionen, Video und auch Volkstanz.

Ein wichtiger Bereich ist der Natur- und Umweltschutz. Die Gruppen betreiben aktiven Umweltschutz, messen den Säuregrad von Wasser und Boden, setzen sich tatkräftig gegen das Waldsterben ein, führen Naturschutzwanderungen durch, legen Biotope an. Wer mehr über uns, die DWJ, wissen will, schreibt an die

DWJ-Bundesgeschäftsstelle, Wilhelmshöher Allee 157–159
D-34121 Kassel